R. CRUMB'S HEROES OF BLUES, JAZZ & COUNTRY
Heroes of the Blues © 1980, 1992, 1996, 2004 by Shanachie Entertainment Corp.
Early Jazz Greats © 1982, 2005 Shanachie Entertainment Corp.
Pioneers of Great Country Music © 1985, 2005 by Shanachie Entertainment Corp.
Compilation © 2006 Denis Kitchen Publishing Co. LLC
First published in the English language in 2006 by
Harry N. Abrams, Incorporated, New York (All rights reserved
in all countries by Harry N. Abrams, Inc.).
Heroes of the Blues text by Stephen Calt
Early Jazz Greats text by David Jasen
Pioneers of Country Music text by Richard Nevins
Todos os direitos reservados

Tradução para a língua portuguesa © Leo Moretti, 2024

Diretor Editorial
Christiano Menezes

Diretor Comercial
Chico de Assis

Diretor de Novos Negócios
Marcel Souto Maior

Diretor de Mkt e Operações
Mike Ribera

Diretora de Estratégia Editorial
Raquel Moritz

Gerente Comercial
Fernando Madeira

Gerente de Marca
Arthur Moraes

Gerente Editorial
Marcia Heloisa

Editor
Bruno Dorigatti

Adap. de Capa e Miolo
Retina 78

Coordenador de Arte
Eldon Oliveira

Coordenador de Diagramação
Sergio Chaves

Designer Assistente
Jefferson Cortinove

Preparação
Leandro Luigi Del Manto

Revisão
Igor de Albuquerque
Retina Conteúdo

Finalização
Roberto Geronimo

Impressão e Acabamento
Braspor

DADOS INTERNACIONAIS DE CATALOGAÇÃO NA PUBLICAÇÃO (CIP)
Jéssica de Oliveira Molinari CRB-8/9852

Crumb, Robert
　　Heróis do blues, jazz & country / Robert Crumb... [et al];
　　tradução de Leo Moretti. — Rio de Janeiro : DarkSide Books, 2024.
　　256 p. : il., color.

　　ISBN: 978-65-5598-400-2
　　Título original: Heroes of Blues, Jazz & Country

　　1. Blues (Música) 2. Jazz (Música) 3. Country (Música)
　　I. Crumb, Robert II. Moretti, Leo

24-3363　　　　　　　　　　　　　　　　CDD 780

Índice para catálogo sistemático:
1. Música

[2024]
Todos os direitos desta edição reservados à
DarkSide *Entretenimento* LTDA.
Rua General Roca, 935/504 — Tijuca
20521-071 — Rio de Janeiro — RJ — Brasil
www.darksidebooks.com

R. Crumb's
HERÓIS DO
BLUES, JAZZ & COUNTRY

STEPHEN CALT, DAVID JASEN
& RICHARD NEVINS

INTRODUÇÃO
TERRY ZWIGOFF

TRADUÇÃO
LEO MORETTI

DARKSIDE

Para Nick Perls

SUMÁRIO

INTRODUÇÃO DE TERRY ZWIGOFF .13

HERÓIS DO BLUES

WILLIAM MOORE .22
PEG LEG HOWELL .24
CLIFFORD GIBSON .26
BLIND BLAKE .28
FRANK STOKES .30
JAYBIRD COLEMAN .32
BLIND WILLIE JOHNSON .34
LEROY CARR E SCRAPPER BLACKWELL .36
BLIND LEMON JEFFERSON .38
CURLEY WEAVER E FRED MCMULLEN .40
WHISTLER & HIS JUG BAND .42
MISSISSIPPI SHEIKS .44
RUBE LACEY .46
SKIP JAMES .48
BO-WEAVIL JACKSON .50
FURRY LEWIS .52
SAM COLLINS .54
RAMBLIN' THOMAS .56

SLEEPY JOHN ESTES .58
CANNON'S JUG STOMPERS .60
MEMPHIS JUG BAND .62
BIG BILL BROONZY .64
ROOSEVELT SYKES .66
BLIND GARY DAVIS .68
PAPA CHARLIE JACKSON .70
CHARLEY PATTON .72
BUDDY BOY HAWKINS .74
BARBECUE BOB .76
ED BELL .78
BLIND WILLIE MCTELL .80
SON HOUSE .82
MEMPHIS MINNIE .84
MISSISSIPPI JOHN HURT .86
TOMMY JOHNSON .88
PEETIE WHEATSTRAW .90
BO CARTER .92

GRANDES NOMES
DO INÍCIO DA ERA DO JAZZ

"BIX" BEIDERBECKE .96
COLEMAN HAWKINS .98
"JELLY ROLL" MORTON .100
LOUIS ARMSTRONG .102
LIL HARDIN .104
JOHNNY DODDS .106
EDDIE LANG .108
JUNIE C. COBB .110
JOE "KING" OLIVER .112
IKEY ROBINSON .114
ROY PALMER .116
JACK TEAGARDEN .118
JABBO SMITH .120
JOE "WINGY" MANNONE .122
"POPS" FOSTER .124
STEVE BROWN .126
EARL HINES .128
JIMMY BLYTHE .130

JAMES P. JOHNSON .132
"TINY" PARHAM .134
"DUKE" ELLINGTON .136
SIDNEY BECHET .138
FREDDIE KEPPARD .140
THOMAS "FATS" WALLER .142
"MUGGSY" SPANIER .144
LAMMAR WRIGHT .146
BENNIE MOTEN .148
FRANK TRUMBAUER .150
MARY LOU WILLIAMS .152
ERNEST "PUNCH" MILLER .154
EDDIE SOUTH .156
ALEX HILL .158
JOE VENUTI .160
FLETCHER HENDERSON .162
JIMMY NOONE .164
BENNY GOODMAN .166

PIONEIROS DA MÚSICA COUNTRY

ANDY PALMER DA JIMMIE JOHNSON'S STRING BAND .170
ECK ROBERTSON AND FAMILY .172
DA COSTA WOLTZ'S SOUTHERN BROADCASTERS .174
GID TANNER AND HIS SKILLET LICKERS .176
FIDDLIN' JOHN CARSON & HIS VIRGINIA REELERS .178
EARL JOHNSON AND HIS DIXIE ENTERTAINERS .180
CARTER FAMILY .182
FIDDLIN' DOC ROBERTS TRIO .184
TED GOSSETT DA TED GOSSETT'S STRING BAND .186
JIMMIE RODGERS .188
HARRY "MAC" MCCLINTOCK .190
DR. HUMPHREY BATE AND HIS POSSUM HUNTERS .192
UNCLE DAVE MACON AND HIS FRUIT-JAR DRINKERS .194
BURNETT & RUTHERFORD .196
MUMFORD BEAN AND HIS ITAWAMBIANS .198
SHELOR FAMILY .200
W.T. NARMOUR & S.W. SMITH .202
RAY BROTHERS .204
THE TENNESSEE RAMBLERS .206
ERNEST STONEMAN AND THE BLUE RIDGE-CORN SHUCKERS .208
SHEPHERD BROTHERS .210
TAYLOR-GRIGGS LOUISIANA MELODY MAKERS .212
JIMMIE & GEORGE CARTER DA CARTER BROTHERS & SON .214
HOYT MING AND HIS PEP STEPPERS .216
PAUL MILES AND HIS RED FOX CHASERS .218
ROANE COUNTY RAMBLERS .220
FRANK BLEVINS AND HIS TAR HEEL RATTLERS .222
CHARLIE POOLE WITH THE NORTH CAROLINA RAMBLERS .224
AL HOPKINS AND HIS BUCKLE BUSTERS .226
FIDDLIN' BOB LARKIN AND HIS MUSIC MAKERS .228
EAST TEXAS SERENADERS .230
"DOCK" BOGGS .232
FIDDLIN' POWERS & FAMILY .234
RED PATTERSON'S PIEDMONT LOG ROLLERS .236
WEEMS STRING BAND .238
LEAKE COUNTY REVELERS .240
WILMER WATTS OF WILMER WATTS AND LONELY EAGLES .242
SOUTH GEORGIA HIGHBALLERS .244
HAPPY HAYSEEDS .246
CROCKETT KENTUCKY MOUNTAINEERS .248

INTRODUÇÃO

ACOMPANHADO PELA MÚSICA

Terry Zwigoff

Conheci Robert Crumb em 1970 e rapidamente nos tornamos amigos, compartilhando um amor pela música dos anos 1920 e 1930 e tentando aprender a tocá-las. Um de nossos amigos, Al Dodge, trocou com Robert alguns de seus discos raros por um desenho que ele tinha feito de uma grande banda de jazz composta inteiramente por gatos que tocavam todos os instrumentos da orquestra. Sempre que eu ia à casa do Al, admirava aquele desenho. Alguns anos depois, encontrei uma cópia rara de um vinil de 78 polegadas da Freeney's Barn Dance Band lançado pela Okeh Records. Robert queria muito esse disco. Então, ofereci trocá-lo por um desenho igual ao que ele havia feito para o Al. Não querendo trabalhar como um escravo para desenhar novamente uma orquestra de doze componentes e seus instrumentos, ele sugeriu um trio de uma banda de cordas. Eu concordei, com a condição de que ele também o pintasse, e o resultado foi um retrato da Dirty Dog e da Smelly Old Cat Bros. String Band que até hoje está pendurado na sala onde guardo os meus discos. Esse desenho poderia ser considerado o precursor das representações das antigas bandas incluídas neste livro.

Os retratos dos músicos que compõem este livro foram desenhados por volta de 1980 com a ideia inicial de que seriam reduzidos e impressos num formato menor, tipo cards. Robert desenhou os músicos a partir de fotografias de estúdios desses artistas e de outras conseguidas com seus familiares, mas (embora estivesse bastante fascinado com fotografias antigas) acho que ele ficou mais inspirado pelo amor à música contida naqueles 78 polegadas do que pelas próprias fotos. Naquela época, Robert e eu conhecíamos bem Nick Perls, o dono e gerente da Yazoo Records, em Nova York. Nick tinha provavelmente a melhor coleção de 78 polegadas de blues da época que antecedeu a Segunda Guerra Mundial. Ele os relançou, aos poucos, em coletâneas de LPs, num constante trabalho de amor, um trabalho que continuou após sua morte, levado à frente pela Shanachie Records e seu velho amigo Richard Nevins.

A ideia original de Robert era incluir um único card em cada LP da Yazoo, mantendo o mesmo conceito estabelecido pela tradição americana dos cards colecionáveis, popularizada há mais de um século. Antigamente os pacotes de tabaco costumavam ter encartes de cards com temas de filmes, esportes e temas de guerra. Quando éramos crianças, na década de 1950, os cards eram comumente encontrados em pacotes de chicletes. Com o tempo, era possível acumular uma coleção considerável de cards. Inevitavelmente, a um certo ponto, você percebia que faltava um ou dois raros na sua coleção e o jeito era: ou comprar mais chicletes, na esperança de encontrar os tais cards, ou, pior ainda, ter que encarar a extorsão de algum colecionador rival que já possuía o tão almejado card.

Foi Nick Perls quem teve a ideia e decidiu incluir os cards em forma de pacote de 36. Isso eliminou o aspecto de troca por colecionadores, e proporcionou a Nick um item adicional para promover as vendas, em vez de ter que incluir um prêmio de bônus para incentivar e aumentar as suas modestas vendas de LPs. Ele também pediu a Robert que desenhasse belos pôsteres a serem colocados em pontos de venda para promover os conjuntos de cards, e atualmente esses pôsteres se tornaram itens raros e colecionáveis. Lembro-me de andar pelo West Village, em Nova York, com Nick enquanto ele tentava convencer os comerciantes locais a venderem os conjuntos de cards. Ele teve bastante sucesso. Os cards eram atraentes e coloridos, vendendo bem desde o início. Diversas impressões foram feitas ao longo dos anos, e os direitos passaram de Nick para outras editoras. Depois que Nick morreu, a arte original dos cards foi vendida e hoje é propriedade de um diretor de cinema bem-sucedido do norte da Califórnia. (Não, não sou eu.)

Inicialmente, Robert queria desenhar para a coleção de country apenas bandas de cordas, mas foi persuadido a incluir Jimmie Rodgers, a família Carter e alguns outros artistas conhecidos. Robert gostava desses artistas, mas parecia se empolgar mais ao celebrar as bandas menos conhecidas. Talvez ele quisesse proporcionar a eles um merecido reconhecimento após tantos anos de obscuridade. A existência de fotografias disponíveis determinou em parte a escolha dos músicos que ele decidiu incluir. É um pequeno milagre que alguém tivesse uma foto de Mumford Bean and His Itawambians, uma banda tão obscura que seu 78 só foi ouvido por talvez uma dúzia de colecionadores hardcore de country, e nunca foi relançado.

Pelo que me lembro, as coleções de blues e country foram as primeiras a serem desenhadas. Eu me recordo de ter caminhado com Robert até o Flax Art Supply na Market Street em San Francisco, Califórnia, onde ele comprou as folhas Pantone que usou para colorir as figuras. Depois ele decidiu usar aquarela para pintar os cards de jazz. Gostaria de ser eloquente aqui e impressionar o leitor ao atribuir a razão da mudança de técnica usada por Robert para pintar os cards de jazz a algo sobre a fluidez inerente à natureza do jazz ou algo desse tipo, mas realmente não acho que foi esse o motivo. Ele provavelmente mudou para aquarela porque estava cansado de cortar o Pantone meticulosamente, o dia inteiro, com um estilete X-Acto.

Por mais evocativa que seja a arte neste livro, a única maneira de entender plenamente o que inspirou o artista é ouvir a música. Recomendo fortemente a Yazoo Records e também a County Records como duas das melhores e mais confiáveis fontes disponíveis onde encontrar mais músicas deste período.

Terry Zwigoff dirigiu o filme *Crumb* (1994), vencedor do Grande Prêmio do Júri no Festival de Cinema de Sundance, bem como de Melhor Documentário do New York Film Critics Circle, da Los Angeles Film Critics Association, da National Society of Film Critics, e do Directors Guild of America. O documentário apareceu em mais de 150 listas dos dez melhores filmes de 1994. Outros de seus filmes incluem *Louie Bluie* (1985), *Ghost World* (2001) — pelo qual foi indicado ao Oscar de Melhor Roteiro (com Daniel Clowes); *Bad Santa* (2003) e *Art School Confidential* (2006).

HERÓIS DO BLUES

WILLIAM MOORE

N: *Georgia, 3 de março de 1893*
M: *22 de novembro de 1951*

Barbeiro profissional, William Moore nasceu na Georgia em 1893, e passou a maior parte de sua vida em Tappahannock, Virginia. As oito gravações que existem das suas músicas foram feitas numa única sessão na Paramount Records em 1928, e o colocam na categoria dos poucos intérpretes instrumentais da época. A música animada de Moore traz à lembrança as alegres danças do ragtime, populares antes do apogeu do blues. "Ragtime Millionaire" é provavelmente sua música mais conhecida.

PEG LEG HOWELL

N: Eatonton, Georgia, 3 de março de 1888
M: Atlanta, Georgia, 11 de agosto de 1966

Nascido em Eatonton, Georgia, Joshua Barnes "Peg Leg" Howell aprendeu a tocar violão sozinho por volta de 1909, quando tinha 21 anos, e posteriormente trabalhou em Atlanta como cantor de rua. Howell foi um dos primeiros músicos de country blues a terem suas músicas gravadas. Entre 1926 e 1929 ele fez 28 gravações, muitas delas acompanhadas por bandas de cordas. Como a maioria dos cantores de rua da época, Howell tinha um repertório variado que incluía tanto blues quanto canções ragtime de ritmo acelerado.

CLIFFORD GIBSON

N: *Louisville, Kentucky, 17 de abril de 1901*
M : *St. Louis, Missouri, 21 de dezembro de 1963*

Nascido em Louisville, no Kentucky, em 1901, Clifford Gibson começou sua carreira musical em St. Louis. Ele fez 24 gravações, entre 1929 e 1931, para duas gravadoras diferentes. Um dos primeiros intérpretes puramente urbanos cuja performance não tinha influências rurais pronunciadas, seu modo de tocar era no estilo corda única com timbre carregado de vibrato e se assemelhava ao do violonista de jazz blues altamente sofisticado Lonnie Johnson, ainda que Gibson colocasse mais ênfase na improvisação.

BLIND BLAKE

n: *Jacksonville, Flórida, 1895*
m: *Jacksonville, Flórida, 1937*

Arthur "Blind" Blake, de Jacksonville, está definitivamente entre os violonistas de rag e blues mais talentosos de todos os tempos. Na década de 1920, ele estabeleceu sua carreira em Chicago. Entre 1926 e 1932, fez oitenta gravações para a Paramount Records, e depois disso caiu na obscuridade. Ao contrário de muitos artistas cegos de blues, Blake tocava uma música animada e voltada para a dança. Sua técnica sofisticada e improvisações espontâneas atraíram muitos imitadores, mas ninguém jamais se igualou a ele.

FRANK STOKES

N: Whitehaven, Tennessee, 1º de janeiro de 1888
M: Memphis, Tennessee, 12 de setembro de 1955

Nascido em 1888 em Whitehaven, no Tennessee, Frank Stokes começou a tocar por volta de 1900 e continuou sua carreira em Memphis, onde se tornou um dos artistas mais populares da cidade. Entre 1927 e 1929, ele fez 36 gravações de discos para duas gravadoras, geralmente em dupla, acompanhado por Dan Sane. Sua música mais conhecida foi "Crump Don't 'Low It", que se referia ao prefeito de Memphis e era nacionalmente associada ao compositor W.C. Handy.

JAYBIRD COLEMAN

N: *Gainesville, Alabama, 1896*
M: *Tuskegee, Alabama, 28 de janeiro de 1950*

Burl "Jaybird" Coleman nasceu em Gainesville, no Alabama, em 1896 e começou a tocar gaita por volta de 1908, estabelecendo-se em Bessemer no início dos anos 1920. Entre 1927 e 1930 fez onze gravações, acompanhando seus próprios vocais com gaita, coisa que não era comum na época. De todos os tocadores de gaita de blues já gravados, Coleman sem dúvida desenvolveu o timbre mais rico e variado na interpretação do instrumento. Após 1930, Coleman praticamente parou de tocar e morreu em 1950.

BLIND WILLIE JOHNSON

N: *Marlin, Texas, 1902*
M: *Beaumont, Texas, 1947*

Nascido em Marlin, no Texas, Blind Willie Johnson trabalhou como cantor gospel. Entre 1927 e 1930, ele fez trinta gravações, incluindo vários duetos vocais com sua esposa. Embora de orientação religiosa, a música de Johnson era tão percussiva quanto qualquer música de blues dançante, e ele alcançou o som ritmicamente fluido e tonalmente vibrante dos melhores violonistas *bottleneck* (forma de tocar violão deslizando pelas cordas um cilindro oco de vidro ou de metal encaixado no dedo) de sua época. Sua música mais conhecida é provavelmente "Dark Was the Night (Cold Was the Ground)". Ele morreu em 1947 em Beaumont, Texas.

BLIND WILLIE JOHNSON

LEROY CARR

n: Nashville, Tennessee, 27 de março de 1905
m: Indianapolis, Indiana, 29 de abril de 1935

SCRAPPER BLACKWELL

n: Syracuse, Carolina do Sul, 21 de fevereiro de 1903
m: Indianápolis, Indiana, outubro de 1962

Leroy Carr, um dos primeiros cantores de blues a usar um timbre vocal discreto nas suas performances, nasceu em Nashville em 1905. Francis "Scrapper" Blackwell nasceu em 1903 e aprendeu a tocar violão na infância, por fim desenvolvendo um vibrato delicado misturado com o *string-snappin* (efeito obtido quando a corda é puxada pelo dedo indicador). O conjunto de Carr e Blackwell de Indianápolis popularizou duetos de blues de piano e violão. Eles fizeram mais de cem gravações entre 1928 e 1935, quando Carr faleceu, incluindo o famoso "How Long Blues".

LEROY CARR and SCRAPPER BLACKWELL

BLIND LEMON JEFFERSON

N: Couchman, Texas, setembro de 1893
M: Chicago, Illinois, dezembro de 1929

Nascido em Couchman, no Texas, perto de Wortham, o lendário Blind Lemon Jefferson trabalhou como cantor de rua e visitou vários estados durante suas viagens. Sua estreia de sucesso em 1926 lançou a moda do country blues. Antes de sua misteriosa morte em 1929, Jefferson fez 85 gravações e se consagrou como o violonista de blues mais popular de sua época. Violonista irreverente, conhecido por seus padrões de fraseado livre, foi um dos cantores mais inspirados do blues.

BLIND LEMON JEFFERSON

CURLEY WEAVER

N: Covington, Georgia, 26 de março de 1906
M: Atlanta, Georgia, 20 de setembro de 1962

FRED MCMULLEN

N: Desconhecido
M: Desconhecido

Curley Weaver nasceu em 1906 e foi criado perto de Porterdale, na Georgia. Ele aprendeu a tocar violão por volta de 1922 e se mudou para Atlanta alguns anos depois. A maioria de seus discos eram duetos com outros artistas locais de blues, como Blind Willie McTell, de Atlanta, e Fred McMullen, de Macon, Georgia. McMullen começou a gravar em 1933. Ele se juntou a Weaver e Buddy Moss naquele mesmo ano formando um trio conhecido como os Georgia Brown's, para fazer gravações.

CURLEY WEAVER and FRED McMULLEN

WHISTLER
& HIS JUG BAND

A primeira jug band (banda que usa sons de sopro produzidos no gargalo de uma garrafa) a fazer uma gravação foi a Whistler & His Jug Band, um grupo oriundo de Louisville, no Kentucky, área em que, a partir da virada do século, bandas de jug tocavam arranjos de cordas e faziam apresentações durante o Kentucky Derby. De 1924 a 1931, o grupo de Whistler fez 21 gravações para três gravadoras diferentes. Existe uma filmagem desses músicos praticamente desconhecidos, de onde foi capturada a imagem que serviu como base para esta ilustração.

WHISTLER & HIS JUG BAND

MISSISSIPPI SHEIKS

Walter Vinson

N: *Bolton, Mississippi,*
2 de fevereiro de 1901
M: *Chicago, Illinois, 1975*

Lonnie Chatmon

N: *Desconhecido*
M: *Desconhecido*

Bo Carter

N: *Bolton, Mississippi,*
21 de março de 1893
M: *Memphis, Tennessee,*
21 de setembro de 1964

O cantor e violonista Walter Vinson e o violinista Lonnie Chatmon trabalharam juntos por mais de uma década antes de fazerem uma primeira gravação como os Mississippi Sheiks, em 1930, produzindo o sucesso "Sitting on Top of the World". Nascidos em Bolton, no Mississippi, eles tocavam em bailes locais para pessoas brancas, frequentemente com os irmãos de Chatmon, um dos quais era Bo Carter (Armenter Chatmon), visto aqui à esquerda (e na p. 87). Ambos sabiam ler música, e suas 78 gravações constituem uma mistura dos estilos blues e pop. O grupo se desfez logo após a última sessão de gravação em 1935.

MISSISSIPPI SHEIKS

RUBE LACEY

N: Pelahatchie, Mississippi, 2 de janeiro de 1901
M: California, 1972

Rubin "Rube" Lacey nasceu em Pelahatchie, no Mississippi, em 1901, e aprendeu a tocar violão na adolescência com um velho artista, George Hendrix. Apresentando-se principalmente na região de Jackson, no Delta do Mississippi, ele se tornou um dos cantores de blues mais famosos do estado. Seu estilo *bottleneck* inspirou o artista Son House, que se tornou mais conhecido. Em 1928 Lacey gravou duas músicas de dança para a Paramount Records. Quatro anos mais tarde ele virou pastor.

RUBE LACEY

SKIP JAMES

N: Bentonia, Mississippi, 9 de junho de 1902
M: Filadélfia, Pensilvânia, 3 de outubro de 1969

Nehemiah "Skip" James nasceu em 1902 e foi criado em Bentonia no Mississippi. Ele aprendeu a tocar violão no final da adolescência com um músico local, Henry Stuckey, e começou a tocar piano logo depois, sob a tutela de um músico mais velho do Arkansas, Will Crabtree. James tornou-se músico profissional de blues a partir de 1924 e em 1931 fez dezessete gravações para a Paramount Records e nesse mesmo ano tornou-se pastor. Sua "I'm So Glad" se tornou um sucesso de rock quando foi gravado pelo Cream, pouco antes de sua morte em 1969.

SKIP JAMES

BO-WEAVIL JACKSON

N: *próximo a Birmingham, Alabama*
M: *Desconhecido*

Um dos primeiros músicos de country blues a serem gravados, James "Bo-Weavil" Jackson foi descoberto enquanto cantava numa rua de Birmingham, no Alabama, em 1926. Ele fez doze gravações para duas gravadoras, uma das quais o chamou de Sam Butler. Seus tempos frenéticos, improvisações no violão e o uso de linhas melódicas variadas numa mesma música caracterizaram Jackson como um dos intérpretes mais talentosos e menos previsíveis do blues. "You Can't Keep No Brown" é uma obra-prima eletrizante que usa a técnica de *bottleneck*.

BO-WEAVIL JACKSON

FURRY LEWIS

N: Greenwood, Mississippi, 6 de março de 1899
M: Memphis, Tennessee, 14 de setembro de 1981

Walter "Furry" Lewis nasceu em 1899 e foi criado em Memphis, onde aprendeu a tocar violão no início dos anos 1900 ao ouvir um cantor de rua de meia-idade chamado Blind Joe. Lewis nunca foi músico em tempo integral. Ele tocava principalmente nas ruas, e sua música mais popular foi "John Henry". De 1927 a 1928, ele fez 23 gravações. Na década de 1960, o simpático Lewis começou uma segunda carreira como músico de concerto, e tocou no filme *W.W. and the Dixie Dancekings* (1975), de Burt Reynolds.

FURRY LEWIS

SAM COLLINS

N: Kentwood, Louisiana, 11 de agosto de 1887
M: Chicago, Illinois, 20 de outubro de 1949

Nascido em 1887 na Louisiana, Sam Collins foi criado no sul do Mississippi. As dezenove gravações existentes das suas músicas, feitas entre 1927 e 1932, refletem uma experiência no canto de rua e na musicalidade de shows ao ar livre semelhante à de Blind Willie McTell, nascido na Georgia. Sua forma livre de tocar violão *bottleneck* e seu jeito de cantar com tonalidade de voz aguda lhe proporcionaram uma sonoridade bem característica. Collins acabou se estabelecendo em Chicago, onde morreu em 1949.

SAM COLLINS

RAMBLIN' THOMAS

N: Louisiana, 1902
M: Memphis, Tennessee, c. 1935

Willard "Ramblin'" Thomas nasceu em 1902 e foi criado em Logansport, na Louisiana. Violonista autodidata, ele tocou em Shreveport, Louisiana, e em Oklahoma antes de ser descoberto em Dallas. Entre 1928 e 1932, fez dezoito gravações, a maioria na linguagem de artista de rua. Suas letras vibrantes e a técnica de fraseado livre se assemelham ao estilo de Blind Lemon Jefferson. Thomas morreu em Memphis em meados da década de 1930, e deixou um irmão que também tocava blues, Babyface Thomas.

RAMBLIN' THOMAS

SLEEPY JOHN ESTES

N: Ripley, Tennessee, 25 de janeiro de 1904
M: 5 de junho de 1977

Um dos vocalistas mais expressivos do blues, John Estes nasceu em 1904 em Ripley, no Tennessee. Mais tarde se mudou para Brownsville, onde morou a vida inteira e aprendeu a tocar violão com Hambone Willie Newbern. Entre 1929 e 1941, Estes fez cinquenta gravações, geralmente com outros músicos, o que não era comum no estilo country blues. As músicas de Estes eram notáveis por suas referências a pessoas e eventos da época. Sua carreira teve um novo impulso na década de 1960. Ele faleceu em 1977.

SLEEPY JOHN ESTES

CANNON'S JUG STOMPERS

Gus Cannon
n: Red Banks, Mississippi, 12 de setembro de 1883
m: 15 de outubro de 1979

Ashley Thompson
n: Desconhecido
m: Desconhecido

Noah Lewis
n: Henning, Tennessee, 3 de setembro de 1895
m: Ripley, Tennessee, 7 de fevereiro de 1961

O grupo Cannon's Jug Stompers, de Ripley, Tennessee, era formado pelo banjoísta Gus Cannon ("Banjo Joe"), pelo violonista Ashley Thompson e pelo gaitista Noah Lewis. Cannon nasceu no Mississippi em 1883 e começou a tocar profissionalmente antes de 1900. Lewis, de Henning, no Tennessee, nasceu em 1895 e começou a trabalhar com Cannon por volta de 1910. As 28 gravações do grupo feitas entre 1928 e 1930 incluem "Walk Right In", que ficou famosa na década de 1960 como um folk rock quando foi gravada pelos Rooftop Singers.

CANNON'S JUG STOMPERS

MEMPHIS JUG BAND

Will Shade

*N: Memphis, Tennessee,
5 de fevereiro de 1898
M: Memphis, Tennessee,
18 de setembro de 1966*

Ben Ramey

*N: Desconhecido
M: Desconhecido*

Charles Polk

*N: Desconhecido
M: Desconhecido*

Will Weldon

*N: Desconhecido
M: Desconhecido*

A Memphis Jug Band foi criada pelo cantor e violonista Will Shade, também conhecido como Son Brimmer, que nasceu em 1898 e passou a maior parte de sua vida em Memphis. Outros membros da banda incluíram músicos locais como Ben Ramey, Charles Polk e Will Weldon. Entre 1927 e 1934, o grupo fez quase 75 gravações, muitas delas de músicas contagiantes, de ritmo rápido e alegre. "Bottle It Up and Go", de 1932, tornou-se um símbolo do blues daquela década.

MEMPHIS JUG BAND

BIG BILL BROONZY

N: Scott, Mississippi, 26 de junho de 1893
M: Chicago, Illinois, 15 de agosto de 1958

Nascido em 1893, William Lee Conley Broonzy, Big Bill Broonzy, tocava violino nas proximidades de Little Rock, no Arkansas, antes de se mudar para Chicago, onde começou a estudar violão no início dos anos 1920. Ele gravou pela primeira vez em 1927 e se tornou um compositor de sucessos durante a década seguinte, trilhando uma carreira através da qual gravou continuamente até a sua morte em 1958. Ele era associado a um som, mais do que a uma música característica. Sua voz aveludada, toque fácil e batida forte lhe deram popularidade no estilo de blues tanto urbano quanto country.

BIG BILL

ROOSEVELT SYKES

n: Helena, Arkansas, 31 de janeiro de 1906
m: New Orleans, Louisiana, 17 de julho de 1983

Roosevelt Sykes, conhecido como Honeydripper, nasceu em 1906 e aprendeu a tocar piano por volta de 1918 em Helena, no Arkansas. Sua principal influência foi Lee Green, em quem ele se inspirou para a sua música de sucesso de 1929, "44 Blues". Ele começou sua carreira de gravação enquanto vivia em St. Louis e produziu cerca de 125 gravações entre 1929 e 1942, algumas sob os pseudônimos Willie Kelly e Dobby Boggs. Sykes continuou atraindo fãs após a guerra e sua carreira tomou novo impulso durante o renascimento do blues nos anos 1960.

ROOSEVELT SYKES

BLIND GARY DAVIS

N: Laurens, Carolina do Sul, 30 de abril de 1896
M: Hammonton, New Jersey, 5 de maio de 1972

Nascido em Laurens, Carolina do Sul, Gary Davis aprendeu a tocar violão por volta de 1903, aos 7 anos. Como cantor de rua, ele se especializou em canções gospel. Quando gravou pela primeira vez em 1935, morava em Durham, Carolina do Norte, e era mentor do famoso Blind Boy Fuller. O magnífico modo de tocar violão de Davis lhe rendeu ávidos seguidores entre o público do norte dos Estados Unidos depois que ele se mudou para Nova York, na década de 1940. Fez várias turnês e gravou vários discos antes de sua morte em 1972.

BLIND GARY DAVIS

PAPA CHARLIE JACKSON

N: *New Orleans, Louisiana, 1885*
M: *Chicago, Illinois, 1938*

O músico de New Orleans, Papa Charlie Jackson, foi um dos primeiros artistas de blues a gravar fazendo seus próprios acompanhamentos. Depois de ter sido descoberto nas ruas de Chicago, ele produziu mais de setenta gravações entre 1924 e 1935, a maioria delas em banjo de seis cordas. Jackson combinava uma técnica sofisticada com uma batida pulsante. Seu hit dançante "Shake That Thing" foi uma das músicas mais influentes da época, e sua abordagem cômica inspirou o estilo *hokum* (um tipo de blues bem-humorado que usa analogias ou eufemismos de duplo sentido) da dupla Tom e Tampa Red, da Georgia.

PAPA CHARLIE JACKSON

CHARLEY PATTON

N: *Edwards, Mississippi, 1887*
M: *Indianola, Mississippi, 28 de abril de 1934*

Um dos músicos de blues mais influentes do Mississippi, Charley Patton nasceu em 1887 e foi criado na cidade de Dockery, no Delta do Mississippi. Em 1910, ele já era um artista consagrado, conhecido por canções como "Pony Blues". Artista prolífico, Patton fez 42 gravações em um único ano, mais do que qualquer artista de blues da década. Após sua estreia em 1929, a combinação de efeitos cômicos e hard blues deu-lhe uma identidade musical única.

CHARLEY PATTON

BUDDY BOY HAWKINS

N: Desconhecido
M: Desconhecido

Walter "Buddy Boy" Hawkins, supostamente um residente de Blytheville, no Arkansas, gravou doze músicas para a Paramount Records em 1927 e 1929. Os detalhes sobre a sua vida são escassos. Hawkins tocava exclusivamente com afinação aberta em *lá* e tinha um estilo sofisticado de tocar violão. Seu repertório incluía tanto músicas rápidas tipo ragtime como blues lentos. Seu tempo e toque eram impecáveis, e suas harmonias eram consideravelmente mais sofisticadas do que as de seus colegas, mas seus discos não tiveram sucesso de vendas e ele acabou caindo na obscuridade.

BUDDY BOY HAWKINS

BARBECUE BOB

N: *Walnut Grove, Georgia, 11 de setembro de 1902*
M: *Lithonia, Georgia, 21 de outubro de 1931*

Robert Hicks nasceu em 1902 em Walnut Grove, na Georgia, e aprendeu a tocar violão com seu irmão, que gravava sob o nome Charlie Lincoln. Por volta de 1920, Hicks mudou-se para Atlanta. Seu emprego num restaurante local deu origem ao seu nome artístico, Barbecue Bob. Entre 1927 e 1930, Hicks fez 55 gravações. Seu estilo de violão de doze cordas se enquadra nos mais percussivos dos blues, distinguindo-o de alguns conterrâneos da Georgia que produziam sonoridades semelhantes.

BARBECUE BOB

ED BELL

N: Forest Deposit, Alabama, maio de 1905
M: Greenville, Alabama, 1960

Ed Bell nasceu por volta de 1905 e foi criado em Greenville, no Alabama. Diz-se que o seu estilo foi inspirado no de Joe Pat Dean, um conterrâneo do Alabama, mais velho. Bell gravou pela primeira vez em 1927 e, além das músicas lançadas sob seu próprio nome, também usou os pseudônimos Sluefoot Joe (com Clifford Gibson) e Barefoot Bill — os blues gravados com esses três nomes apresentam um estilo único. Bell trocou a música pelo púlpito durante o período da Depressão econômica americana de 1929.

ED BELL

BLIND WILLIE MCTELL

N: *Thompson, Georgia, 5 de maio de 1901*
M: *Milledgeville, Georgia, 19 de agosto de 1959*

Nascido em Thompson, na Georgia, em 1901, Willie McTell aprendeu a tocar violão com sua mãe por volta de 1914 e fez sua estreia com gravações em 1927, após trabalhar como cantor de rua e menestrel de shows sobre medicina. Nos nove anos seguintes, ele fez 48 gravações para quatro gravadoras, sob quatro nomes diferentes, às vezes em parceria com sua esposa, Kate McTell. Violonista habilidoso e de voz doce, McTell fez gravações de blues para a Biblioteca do Congresso dos Estados Unidos e também produziu discos no pós-guerra para o mercado de rhythm & blues.

BLIND WILLIE McTELL

SON HOUSE

N: *Riverton, Mississippi, 21 de março de 1902*
M: *Detroit, Michigan, 19 de outubro de 1988*

Dono de uma voz poderosa, Eddie James "Son" House trocou o púlpito pela música por volta de 1927, quando vivia na sua cidade natal de Lyon, no Mississippi. Seu amigo Charley Patton foi quem o levou para fazer a sua primeira gravação em 1930, e House gravou ao todo nove músicas. Ele trabalhou com Willie Brown e gravou para a Biblioteca do Congresso dos Estados Unidos antes de se mudar para Rochester, Nova York, em 1943. Também influenciou músicos famosos como Robert Johnson e Muddy Waters. Sua carreira renasceu quando ele foi redescoberto em 1964.

SON HOUSE

MEMPHIS MINNIE

N: *Algiers, Louisiana, 3 de junho de 1897*
M: *Memphis, Tennessee, 6 de agosto de 1973*

Lizzie Douglas, nascida em Algiers, na Louisiana, foi criada em Memphis e aprendeu a tocar violão aos 11 anos. Utilizando o nome artístico de Kid Douglas, ela viajou pelo Sul dos Estados Unidos de 1916 em diante, retornando a Memphis no final dos anos 1920, quando trocou o seu nome artístico para Memphis Minnie. Violonista e compositora talentosa, ela fez mais de 150 gravações entre 1929 e 1941. Na maioria, suas músicas eram blues que ela interpretava sozinha, mas também fez duetos tanto com seu segundo marido, o violonista Kansas Joe McCoy, quanto com seu terceiro marido, o violonista Little Son Joe Lawlar.

MEMPHIS MINNIE

MISSISSIPPI JOHN HURT

N: *Teoc, condado de Carroll, Mississippi, 8 de março de 1892 (ou 3 de julho de 1893)*
M: *Grenada, Mississippi, 2 de novembro de 1966*

John Hurt nasceu em 1892 ou em 1893 (as fontes variam) em Teoc, condado de Carroll, no Mississippi, e foi criado na cidade vizinha de Avalon. Ele começou a tocar violão em 1903, desenvolvendo um estilo de canto suave e uma técnica única de dedilhar usando três dedos. Hurt nunca chegou a se tornar um músico profissional, e raramente viajou antes ou depois de gravar doze vezes para a Okeh Records em 1928, mas a sua redescoberta nos anos 1960 ajudou a lançar um renascimento do blues, e ele fez apresentações e regravou músicas como "Coffee Blues" e "Richland Woman" com grande aclamação do público, antes de sua morte em 1966.

MISSISSIPPI JOHN HURT

TOMMY JOHNSON

N: *Perto de Terry, Mississippi, c. 1896*
M: *Crystal Springs, Mississippi, 1º de novembro de 1956*

Um excelente vocalista cujo característico falsete foi amplamente copiado, Tommy Johnson nasceu em torno de 1896 perto de Terry, no Mississippi. Ele começou a tocar música por volta de 1914 e foi influenciado pelo artista do Delta do Mississippi, Charley Patton, embora seu jeito de tocar violão fosse muito mais irregular do que o de seu mentor. As viagens de Johnson fizeram dele uma figura familiar em todo o Delta. Entre 1928 e 1930, ele gravou onze músicas, incluindo a famosa "Big Road Blues".

TOMMY JOHNSON

PEETIE WHEATSTRAW

n: Ripley, Tennessee, 21 de dezembro de 1902
m: East St. Louis, Illinois, 21 de dezembro de 1941

Peetie Wheatstraw nasceu William Bunch em Ripley, no Tennessee, em 1902. Ele viveu por um tempo em Cotton Plant, no Arkansas, e depois mudou-se em 1929 para o norte dos Estados Unidos. Trabalhando principalmente em St. Louis, tornou-se um dos mais populares vocalistas do blues, tendo gravado 161 músicas entre 1930 e 1941. Seu estilo de inserir um breve falsete no último compasso de um verso foi o maneirismo de blues mais copiado do período. Um acidente de carro fatal encurtou sua carreira em 1941.

PEETIE WHEATSTRAW

BO CARTER

N: Bolton, Mississippi, 21 de março de 1893
M: Memphis, Tennessee, 21 de setembro de 1964

Armenter Chatmon, mais conhecido como Bo Carter, foi criado em Bolton, no Mississippi. Ele aprendeu a tocar violão no início dos anos 1900; tocou contrabaixo numa banda em família liderada por seu irmão, Lonnie Chatmon, na década de 1910, e mais tarde juntou-se aos Mississippi Sheiks (ver p. 44). A carreira de Carter como cantor de rua foi em grande parte imposta pela cegueira que o afligiu no final dos anos 1920. Entre 1930 e 1940, ele gravou 105 músicas, muitas delas notáveis por sua sofisticação musical e pela inteligente insinuação sexual de suas letras.

BO CARTER

GRANDES NOMES DO INÍCIO DA ERA DO JAZZ

"BIX" BEIDERBECKE

Corneta

n: *Davenport, Iowa, 10 de março de 1903*
m: *Nova York, Nova York, 6 de agosto de 1931*

"Bix" Beiderbecke foi um dos cornetistas mais influentes do início da história do jazz. Seu tom, caracterizado pela perfeição, com notas limpas e bem colocadas, era claro e delicado. Ele ganhou destaque fazendo parte do grupo Wolverines, de Dick Voynow, que fez uma série de gravações históricas para a Gennett Records em 1924. Seu próximo compromisso importante foi com a Jean Goldkette's Orchestra em 1926, seguida no final de 1927 pela grande orquestra de Paul Whiteman. Entre as gravações mais importantes já feitas estavam aquelas sob o nome de Bix and His Gang de outubro de 1927 a setembro de 1928, para a Okeh Records.

"BIX" BEIDERBECKE

EARLY JAZZ GREATS

COLEMAN HAWKINS

Saxofone tenor, clarinete, saxofone baixo

N: *St. Joseph, Missouri, 21 de novembro de 1904*
M: *Nova York, Nova York, 19 de maio de 1969*

Coleman Hawkins, o primeiro grande saxofonista tenor do jazz, estava tocando em uma pit band (orquestra que toca em teatros e fica abaixo do palco), em Kansas City, quando Mamie Smith o contratou para o seu grupo de jazz, os Jazz Hounds, em 1921. Em 1924 ele se juntou à Fletcher Henderson's Orchestra, com a qual já havia gravado no ano anterior, tocando clarinete e saxofone baixo. Ele fez turnês pela Europa como artista solo e freelancer, liderou a própria banda baseada nos Estados Unidos nos anos 1940, e depois disso se apresentou sozinho tanto na Europa quanto nos Estados Unidos. Hawkins tocou em todos os mais importantes festivais de jazz do mundo, apareceu em filmes e fez centenas de discos, sendo o mais famoso deles *Body and Soul*, gravado com a própria banda em 1939 para a gravadora Bluebird.

COLEMAN HAWKINS

EARLY JAZZ GREATS

"JELLY ROLL" MORTON

Piano, arranjador

N: *Gulfport, Louisiana, 20 de setembro de 1885*
M: *Los Angeles, Califórnia, 10 de julho de 1941*

Nascido Ferdinand Joseph La Menthe, "Jelly Roll" Morton foi criado em New Orleans, onde aprendeu a tocar piano nas mais prestigiosas *sporting houses* (casas de prostituição), no distrito de Storyville. Ele foi o primeiro jazzista que insistiu em ter um estilo característico e identificável de tocar. O conceito de tentar fazer o som de uma banda de Dixieland jazz no piano era completamente original. A melhor versão de sua banda de jazz foi a Red Hot Peppers, com a qual fez uma série de gravações para a RCA Victor Records, em 1926. Sua genialidade está refletida em suas composições, todas do mais alto nível de jazz.

"JELLY ROLL" MORTON

EARLY JAZZ GREATS

LOUIS ARMSTRONG

Trompete, vocais

N: New Orleans, Louisiana, 4 de julho de 1900
M: Nova York, Nova York, 6 de julho de 1971

O mais imitado e um dos mais influentes trompetistas do jazz, Louis Armstrong começou a sua carreira sob a tutela de King Oliver. Seu primeiro trabalho profissional foi na Fate Marable's Orchestra, se apresentando a bordo dos barcos a vapor da empresa Streckfus, que circulavam pelo rio Mississippi, na região de New Orleans. Em 1922, Armstrong se juntou à banda King Oliver's Creole Jazz Band, em Chicago, e, no ano seguinte, fez as suas primeiras gravações com esse grupo. Em 1924, ele entrou para a banda de Fletcher Henderson, em Nova York. Armstrong mudou-se de volta para Chicago no final de 1925 e fez as primeiras gravações com a própria banda, chamada Hot Five. Earl Hines e Erskine Tate eram colegas ilustres com os quais Armstrong fez gravações de 1926 a 1928. Ao longo dos anos 1930, Armstrong foi o líder na banda de Luis Russell. Em 1947, formou a sua banda All Stars, que fez turnê pelo mundo inteiro. Ele se tornou o embaixador oficial do jazz dos Estados Unidos.

LOUIS ARMSTRONG

EARLY JAZZ GREATS

LIL HARDIN

Piano

N: *Memphis, Tennessee, 3 de fevereiro de 1898*
M: *Chicago, Illinois, 27 de agosto de 1971*

Lillian "Lil" Hardin estudou música na Fisk University, em Nashville. Em 1917, ela se mudou para Chicago, onde começou a carreira de *song demonstrator* (vocalista ou pianista contratada pelo departamento de música de lojas e de editoras musicais, no início do século XX, para promover e ajudar a vender partituras de novas músicas antes que existissem gravações de qualidade das mesmas). Ela tocou com Freddie Keppard, liderou o seu próprio grupo em 1920, e tocou na banda King Oliver's Creole Jazz Band, de 1921 até 1924. Em fevereiro de 1924, ela se casou com Louis Armstrong e formou a banda Dreamland Syncopators, à qual Armstrong se juntou em 1925. Ela também gravou com as bandas Hot Five e Hot Seven de Armstrong. O casal se divorciou em 1938. Hardin se apresentou na rádio NBC, foi pianista de estúdio da gravadora Decca, liderou várias bandas, tocou como freelancer e se apresentou como artista solo mundo afora até sua morte em 1971.

LIL HARDIN

EARLY JAZZ GREATS

JOHNNY DODDS

Clarinete, saxofone alto

N: *New Orleans, Louisiana, 12 de abril de 1892*
M: *Chicago Illinois, 8 de agosto de 1940*

Um dos maiores e mais influentes clarinetistas de jazz, Johnny Dodds começou a ter aulas com o músico de estilo inovador, Lorenzo Tio Jr., quando tinha 17 anos. Já em 1911, Dodds estava trabalhando em New Orleans com Kid Ory e Fate Marable. Ele se mudou para Chicago em 1922 onde se juntou à King Oliver's Creole Jazz Band e fez várias gravações com os grandes nomes do jazz daquela época incluindo King Oliver, Freddie Keppard e "Jelly Roll" Morton. Dodds era um dos membros das bandas Hot Five e Hot Seven de Louis Armstrong e liderou a própria banda ao longo dos anos 1930. Seu estilo de tocar clarinete era bem característico e reconhecido pelo seu tom grave e suas inflexões de blues.

JOHNNY DODDS

EARLY JAZZ GREATS

EDDIE LANG

Violão

N: *Filadélfia, Pensilvânia, 25 de outubro de 1902*
M: *Nova York, Nova York, 26 de março de 1933*

Eddie Lang, cujo nome de batismo era Salvatore Massaro, teve um treinamento clássico de violino e violão. O violinista Joe Venuti, seu amigo de infância, teve uma parceria musical com ele que durou até a sua morte prematura devido a complicações relacionadas a uma cirurgia para retirada das amígdalas. Após fazer uma turnê com o Mound City Blue Blowers, em 1925, Lang começou a participar de gravações em sessões com artistas como Venuti, "Bix" Beiderbecke, Frank Trumbauer e Bing Crosby. Os duetos de Lang com o violonista de blues Lonnie Johnson, de 1928 a1929, marcaram um ponto alto na história do jazz. Lang foi o violonista mais gravado da década de 1920, e responsável por tornar o banjo um instrumento obsoleto no jazz.

EDDIE LANG

EARLY JAZZ GREATS

JUNIE C. COBB

Saxofone

N: Hot Springs, Arkansas, 1896
M: Chicago, Illinois, 1º de janeiro de 1970

Junius "Junie" C. Cobb entrou para a famosa e influente King Oliver's Creole Jazz Band tocando banjo no final de 1924 e depois foi tocar com Jimmy Noone em 1928. Cobb formou a própria banda e viajou pela Europa em 1950, tocando saxofone e clarinete. Quando retornou a Chicago após essa turnê, se apresentou tocando em vários clubes com sua banda. Em 1946, Cobb começou uma nova carreira como pianista solo, que durou até 1955 quando se aposentou.

JUNIE C. COBB

EARLY JAZZ GREATS

JOE "KING" OLIVER

Corneta

N: *Abend, Louisiana, 11 de maio de 1885*
M: *Savannah, Georgia, 8 de abril de 1938*

Sem dúvida alguma, Joe "King" Oliver foi o primeiro cornetista importante de jazz. Criado na Louisiana, ele tocou em bandas em News Orleans durante a adolescência, antes de formar sua Creole Jazz Band no Lincoln Gardens de Chicago, em junho de 1922. A King Oliver's Creole Jazz Band fez história com as suas gravações para a Gennett Records em abril de 1923. Dos muitos músicos que aprenderam com King, Louis Armstrong foi quem mais se beneficiou de sua mentoria. A famosa banda de Oliver, os Dixie Syncopators, de 1926-1928, era formada pelos maiores nomes do black jazz da época. Ele ainda contribuiu com várias composições que se tornaram clássicos do repertório de jazz, incluindo "Dippermouth Blues", "Canal Street Blues" e "Doctor Jazz".

JOE "KING" OLIVER

EARLY JAZZ GREATS

IKEY ROBINSON

Banjo, violão

N: *Dublin, Virginia, 28 de julho de 1904*
M: *Chicago, Illinois, 25 de outubro de 1990*

Ikey Robinson começou sua carreira como banjoísta em 1922, na sua cidade natal. Depois de se mudar para Chicago em 1926, ele tocou no grupo de "Jelly Roll" Morton, The Alabamians, e com a banda de Sammy Stewart. Robinson foi para Nova York em 1930, onde trabalhou para Wilbur Sweatman e Noble Sissie. De 1929 a 1935, Robinson gravou com Clarence Williams, Jabbo Smith e fez suas próprias gravações. Ao longo dos anos 1960 ele participou da banda Original Jazz All-Stars, de Franz Jackson. Robinson era conhecido pelo seu estilo sofisticado e melodicamente complexo tocando numa corda só.

IKEY ROBINSON

EARLY JAZZ GREATS

ROY PALMER

Trombone

N: *New Orleans, Louisiana, 1892*
M: *Chicago, Illinois, Janeiro de 1964*

Roy Palmer iniciou sua carreira como trombonista tocando na banda de Richard M. Jones, em New Orleans, em 1911. Ao mudar-se para Chicago em 1917, Palmer, juntamente com Lawrence Duhe, entrou para a banda de Sugar Johnny Smith. Durante os anos 1920 ele tocou em várias bandas locais de Chicago. Entre seus discípulos estavam Albert Wynn e Preston Jackson, que participaram de várias gravações. Roy Palmer fez gravações com "Jelly Roll" Morton, Jimmy Blythe, Memphis Nighthawks, Chicago Rhythm Kings, Richard M. Jones e a sua Jazz Wizards e também com a banda de Johnny Dodds, a Black Bottom Stompers.

ROY PALMER

EARLY JAZZ GREATS

JACK TEAGARDEN

Trombone

N: Vernon, Texas, 29 de agosto de 1905
M: New Orleans, Louisiana, 15 de janeiro de 1964

Jack Teagarden aprendeu a tocar trombone com 10 anos e aos 15 já estava tocando em bandas locais. Em 1928, ele se juntou a Ben Pollack em Nova York e fez muitas gravações com Red Nichols, Benny Goodman, Fats Waller, Louis Armstrong, Wingy Mannone e Eddie Condon. Nos anos 1940 ele teve a própria banda mas, em julho de 1947, entrou para a All Stars, de Louis Armstrong. Mais tarde, Teagarden formou a própria banda All Stars com a qual tocou na Europa nos anos 1950 e liderou, juntamente com Earl Hines, um sexteto em turnê. Teagarden também foi um vocalista muito requisitado.

JACK TEAGARDEN

EARLY JAZZ GREATS

JABBO SMITH

Trompete

N: *Pembroke, Georgia, 24 de dezembro de 1908*
M: *Nova York, Nova York, 16 de janeiro de 1991*

Jabbo Smith era um bom trompetista cuja habilidade de imitar Louis Armstrong lhe garantiu um contrato de gravação com a Brunswick Records. As gravações do seu grupo Rhythm Aces, em 1929, marcaram um ponto alto na sua já bem-sucedida carreira. Ele tocou com Gus Aiken, Charlie Johnson, Duke Ellington, James P. Johnson, Earl "Fatha" Hines, Charlie Elgar, Erskine Tate, Fess Williams, Tiny Parham e Claude Hopkins.

JABBO SMITH

EARLY JAZZ GREATS

JOE "WINGY" MANNONE

Trompete

N: *New Orleans, Louisiana, 13 de fevereiro de 1904*
M: *Las Vegas, Nevada, 9 de julho de 1982*

Joe Mannone perdeu o braço direito quando tinha 8 anos e passou a ser conhecido como Wingy. Com 17 anos já estava se apresentando em bandas de jazz. Seu primeiro trabalho em uma banda conhecida foi com a Crescent City Jazzers, que se tornou Arcadian Serenaders quando a banda fez suas primeiras gravações em St. Louis, em 1924. Discípulo de "Bix" Beiderbecke, Mannone tocou em muitas bandas, tanto no Oeste como no Sul dos Estados Unidos. Após um período com as bandas dançantes de Ray Miller e Charley Straight em Chicago, Mannone liderou sua própria banda em Nova York a partir de 1934. Sempre em movimento, ele tocou em grandes cidades até se mudar para Hollywood em 1940, onde teve presença frequente em filmes e no rádio, especialmente com Bing Crosby. A partir de 1954, Mannone se mudou para Las Vegas onde continuou tocando. Nas décadas de 1960 e 1970 ele passou a se apresentar somente em festivais de jazz. Sua autobiografia, *Trumpet on the Wing*, foi publicada em 1948.

JOE "WINGY" MANNONE

EARLY JAZZ GREATS

"POPS" FOSTER

Contrabaixo

N: McCall, Louisiana, 18 de maio de 1892
M: San Francisco, Califórnia, 30 de outubro de 1969

"Pops" Foster começou sua carreira no contrabaixo aos 14 anos em New Orleans tocando em *honky-tonks* (bares em que predominava a música country) com os lendários Jack Carey, Kid Ory, Armand Piron e Joe "King" Oliver, e tocou regularmente com Fate Marable apresentando-se em barcos que circulavam pelo rio Mississippi. Em St. Louis, entre 1921 e 1923, Foster encontrou um trabalho estável com Charlie Creath e Dewey Jackson. Quando se mudou para Los Angeles, Foster voltou a tocar com Kid Ory e também com Mutt Carey. Em 1929, ele se juntou à Luis Russell's Orchestra, com a qual permaneceu até 1940. Em meados da década de 1940, ele se apresentou com Art Hodes e Sidney Bechet em Nova York e marcou presença frequente no programa de rádio de Rudi Blesh, *This Is Jazz*. No início dos anos 1960, ele fez turnê por todo o país, tocando com vários grupos.

"POPS" FOSTER

EARLY JAZZ GREATS

STEVE BROWN

Contrabaixo

N: *New Orleans, Louisiana, 1890*
M: *Detroit, Michigan, 15 de setembro de 1965*

Steve Brown começou tocando tuba na banda do seu irmão Tom. A um certo ponto passou da tuba ao contrabaixo e se mudou para Chicago em 1915, acompanhando a banda do irmão. Em Chicago, Brown passou a tocar na New Orleans Rhythm Kings, e em 1924 fez parceria com Jean Goldkette até 1927, quando passou a fazer parte da Paul Whiteman's Orchestra. Brown é mais conhecido pelas gravações que fez com "Bix" Beiderbecke, da banda Goldkette, e com a orquestra de Whiteman.

STEVE BROWN

EARLY JAZZ GREATS

EARL HINES

Piano

N: *Pittsburgh, Pensilvânia, 28 de dezembro de 1903*
M: *Oakland, Califórnia, 22 de abril de 1983*

Um músico de sessões de gravação que começou sua carreira em 1923, Earl "Fatha" Hines tocou os seus primeiros solos de piano em 1928. Tendo atingido fama nacional através das suas gravações com a Hot Five, de Louis Armstrong, Hines passou a tocar com Jimmy Noone e, durante os anos 1930, gravou com a sua própria Grand Terrace Orchestra. No início de 1948, Hines voltou a tocar com Louis Armstrong e permaneceu na All Stars até o final de 1951. Durante os anos 1950 e 1960, Hines fez turnês pela Europa apresentando-se com várias bandas compostas por astros do jazz. Já nos anos 1970 ele se apresentou em boates e festivais como solista ou tocando num quarteto. A sua influência podia ser apreciada durante a era das big bands, quando os pianistas adaptaram seus estilos para combinar com as exigências da era do swing.

EARL HINES

EARLY JAZZ GREATS

JIMMY BLYTHE

Piano

N: *Lexington, Kentucky, c. 1901*
M: *Chicago, Illinois, 14 de junho de 1931*

James "Jimmy" Blythe se mudou em 1915 para Chicago, onde teve aulas de piano com Clarence Jones. Teve uma carreira em gravações extremamente ativa desde a sua estreia na Paramount Records, em 1924, até a sua morte precoce por meningite, em 1931. Ele liderou seis grupos, tocou piano com outros onze e acompanhou uma dezena de cantores de blues. Para os seus próprios grupos, contou com músicos de jazz do calibre de Freddie Keppard, Louis Armstrong, Johnny Dodds e Nat Dominique. Seus nove solos de piano e seus quatro duetos nem se compararam, em números, aos mais de duzentos "rolos de piano" que ele fez para a Capitol Roll Company, muitos dos quais eram de música pop, gênero musical que não aparece no conjunto das suas gravações.

JIMMY BLYTHE

EARLY JAZZ GREATS

JAMES P. JOHNSON

Piano

N: *New Brunswick, New Jersey, 1º de fevereiro de 1891*
M: *Jamaica, Nova York, 17 de novembro de 1955*

Conhecido como o pai do *stride piano* (estilo de tocar no qual a mão direita toca a melodia enquanto a mão esquerda toca uma única nota baixa, criado no Harlem nos anos 1920) Jimmy Johnson se estabeleceu principalmente como um pianista *rent-party* (reunião social na qual os inquilinos contratavam músicos para tocar e depois passavam o chapéu para arrecadar dinheiro para pagar o aluguel, evento típico do Harlem dos anos 1920). Com músicas originais do estilo rag, como "Carolina Shout", "Daintiness Rag", "Caprice Rag" e "Harlem Strut", Johnson foi o primeiro negro a se tornar o mais famoso pianista e arranjador de música para rolo de piano. Enquanto se apresentava nos mais respeitados clubes do Harlem, como o Barron Wilkin's, o Leroy's e o Clef Club, Johnson também fazia turnês pela parte central dos Estados Unidos. Ele compôs trilhas sonoras para shows da Broadway, incluindo músicas como "If I Could Be With You", "Old Fashioned Love" e o paradigma de música e dança dos prósperos e badalados anos 1920, a famosa "The Charleston". A sua gravação mais famosa foi uma composição de autoria própria, a "Snowy Morning Blues", feita para a Columbia Records em 1927.

JAMES P. JOHNSON

EARLY JAZZ GREATS

"TINY" PARHAM

Piano, arranjador

N: *Winnipeg, Canadá, 25 de fevereiro de 1900*
M: *Milwaukee, Wisconsin, 4 de abril de 1943*

Hartzell "Tiny" Parham cresceu em Kansas City e conseguiu seu primeiro emprego no Eblon Theatre sob a direção de James Scott, compositor de ragtime. Em 1926, Parham mudou-se para Chicago, onde formou sua própria banda e gravou extensivamente para a Victor Records, cujo som de boa fidelidade permitiu que seu piano de jazz fosse ouvido com extrema clareza. Em várias ocasiões, o bluesman Papa Charlie Jackson tocou banjo na banda de Parham. A partir de meados da década de 1930, Parham começou a tocar órgão em teatros, salas de cinemas e pistas de patinação.

"TINY" PARHAM

EARLY JAZZ GREATS

"DUKE" ELLINGTON

Piano, arranjador

n: Washington, D.C., 28 de abril de 1899
m: Nova York, Nova York, 24 de maio de 1974

Um excelente músico de jazz que se desempenhava igualmente bem nas funções de compositor, líder de banda e arranjador, Edward Kennedy "Duke" Ellington aprendeu a tocar piano usando o rolo de piano de James P. Johnson da música "Carolina Shout". Sua primeira banda, os Washingtonians (criada em 1923), incluía Bubber Miley, Charlie Irvis, Otto Hardwick, Fred Guy e Sonny Greer. Eles continuariam a ser parceiros de Duke Ellington pelo resto da vida. Sua estreia de gravação foi para a Blu-Disc, em 1924, e deu início a uma carreira de gravação incrivelmente prolífica que duraria até sua morte. Suas composições, incluindo "Mood Indigo", "Solitude", "Sophisticated Lady", "I Got It Bad" e "It Don't Mean a Thing", tornaram-se clássicos do pop e do jazz. A música tema de sua banda, "Take the A Train" (composta em 1941 por seu colaborador Billy Strayhorn), foi sua primeira gravação a vender um milhão de cópias.

"DUKE" ELLINGTON

EARLY JAZZ GREATS

SIDNEY BECHET

Clarinete, saxofone soprano

N: New Orleans, Louisiana, 14 de maio de 1897
M: Paris, França, 14 de maio de 1959

Quando criança, Sidney Bechet aprendeu a tocar clarinete sozinho. Tocou com Freddie Keppard e chegou a tocar na marching band (banda que se apresentava marchando em desfiles) de Manuel Perez Mais tarde, Bechet teve aulas com os gigantes do clarinete de New Orleans: Lorenzo Tio, Jr., Louis Nelson e George Baquet. Em 1917, Bechet mudou-se para Chicago, onde tocou com Keppard, Joe "King" Oliver e Tony Jackson. Em 1919, Bechet comprou um saxofone soprano e tornou-se o principal saxofonista do jazz. Sua presença nas gravações é facilmente detectada por seu som característico de amplo vibrato. De 1932 a 1941, seu grupo de sete integrantes, o New Orleans Feetwarmers, gravou extensivamente para a Victor Records. Em 1940, ele fez oito gravações com Muggsy Spanier.

SIDNEY BECHET

EARLY JAZZ GREATS

FREDDIE KEPPARD

Corneta

n: *New Orleans, Louisiana, 15 de fevereiro de 1889*
m: *Chicago, Illinois, 15 de julho de 1933*

Um pioneiro na corneta de jazz, criador da Olympia Orchestra por volta de 1906, Freddie Keppard também trabalhou na Eagle Band, de Frankie Dusen. A pedido do baixista Bill Johnson, Keppard tornou-se colíder da Original Creole Orchestra, que fez turnê pelo Orpheum Circuit, tocando vaudeville até 1918, quando se estabeleceu em Chicago. Ele trabalhou com Doc Cooke, Erskine Tate, Jimmy Noone, Ollie Powers e Charlie Elgar. Os tons suaves mas seguros de Keppard foram fielmente capturados nas sessões de gravações para Okeh, Columbia e Gennett Records, com a Gingersnaps, de Doc Cooke (1926), e com a Dreamland Orchestra (1924-27).

FREDDIE KEPPARD

EARLY JAZZ GREATS

THOMAS "FATS" WALLER

Piano

N: *Nova York, Nova York, 21 de maio de 1904*
M: *Kansas City, Kansas, 15 de dezembro de 1943*

Thomas "Fats" Waller, apadrinhado pelo pianista *stride* James P. Johnson, tornou-se o mais famoso pianista de jazz da sua época através das mais de mil gravações, de um programa semanal de rádio, pela presença em filmes, participações em shows pelo mundo afora e por apresentações em nightclubs nos Estados Unidos. Ele compôs mais de 3 mil músicas, das quais muitas se tornaram clássicos incluindo "Ain't Misbehavin'", "Honeysuckle Rose", "I've Got a Feeling I'm Fallin'" e "Blue Turning Grey Over You".

THOMAS "FATS" WALLER

EARLY JAZZ GREATS

"MUGGSY" SPANIER

Corneta

N: Chicago, Illinois, 9 de novembro de 1906
M: Sausalito, Califórnia, 12 de fevereiro de 1967

Francis Julian "Muggsy" Spanier começou a tocar corneta aos 13 anos e teve sua primeira oportunidade profissional tocando com a Sig Meyers's Band, em 1923. No início do ano seguinte, Spanier fez sua estreia de gravação com seu próprio grupo, o Bucktown Five. Influenciado por "Bix" Beiderbecke e Louis Armstrong, Spanier criou seu estilo pulsante bem característico que deu um realce às bandas de Ray Miller, Ted Lewis, Ben Pollack e Bob Crosby. Com suas próprias ragtimers (bandas especializadas no ragtime), Spanier fez uma série de gravações clássicas em 1939. Ele liderou suas próprias bandas e participou de outras, tocando em festivais de jazz em diversas cidades mundo afora.

"MUGGSY" SPANIER

EARLY JAZZ GREATS

LAMMAR WRIGH

Corneta

N: *Texarkana, Texas, 20 de junho de 1907*
M: *Nova York, Nova York, 13 de abril de 1973*

Lammar Wright inicialmente ganhou fama em 1923 como trompetista tocando na Bennie Moten Orchestra e seus companheiros incluíram os Missourians (a quem ele se juntou em 1927), Cab Calloway, Don Redman, Claude Hopkins, Cootie Williams, Lucky Millinder, Sy Oliver e George Shearing. Começando no final dos anos 1940 com a criação de seu próprio estúdio, Wright se tornou um dos grandes professores de trompete de Nova York. Ele fez inúmeras gravações tocando com big bands e também como músico de estúdio.

LAMMAR WRIGHT

EARLY JAZZ GREATS

BENNIE MOTEN

Piano, Arranjador

N: *Kansas City, Missouri, 13 de novembro de 1894*
M: *Kansas City, Missouri, 2 de abril de 1935*

Este multitalentoso jazzman montou sua própria banda Dixieland (estilo de jazz baseado nas músicas de Nova Orleans) no início dos anos 1920. Em 1923, Moten começou a fazer uma série de gravações que espalharam a sua fama como pianista-compositor-arranjador. Em 1927, seu conjunto tinha crescido tanto que se tornou uma big band, e suas gravações para a Victor o catapultaram para fama nacional. "South", sua gravação mais famosa, vendeu milhões de cópias. Os arranjos fantásticos de Bennie Moten e o grande talento dos membros do seu grupo de músicos (incluindo Lammar Wright, Woody Walder, Harlan Leonard, Eddie Durham e Count Basie) fizeram com que a sua banda se tornasse excepcional.

BENNIE MOTEN

EARLY JAZZ GREATS

FRANK TRUMBAUER

Saxofone C-melody

N: *Carbondale, Illinois, 30 de maio de 1901*
M: *Kansas City, Missouri, 11 de junho de 1956*

Frank Trumbauer cresceu em St. Louis, onde estudou piano, trombone, violino e flauta. Tocou com várias bandas locais até se juntar à famosa Gene Rodemich Orchestra, com a qual fez a sua estreia nas gravações em 1922 com seu saxofone C-melody. Depois, passou a fazer parte da orquestra de Ray Miller em Chicago antes de passar para o grupo de Jean Goldkette como diretor musical da banda, que incluía "Bix" Beiderbecke. Beiderbecke era um parceiro próximo e ambos foram tocar na Paul Whiteman's Orchestra no final de 1927, fazendo muitas gravações juntos.

FRANK TRUMBAUER

EARLY JAZZ GREATS

MARY LOU WILLIAMS

Piano, arranjadora

N: *Atlanta, Georgia, 8 de maio de 1910*
M: *Durham, Carolina do Norte, 28 de maio de 1981*

Como Earl "Fatha" Hines, Mary Lou Williams foi uma notável pianista de jazz, com enorme versatilidade, capaz de mudar de estilo a cada década. Ela se casou com o saxofonista John Williams em 1928 e tocou em sua banda. Ambos se juntaram à Terrence Holder's Band, que depois se tornou a Andy Kirk's Twelve Clouds of Joy. Williams tornou-se a arranjadora da banda, além de pianista. Ela também fez arranjos para Benny Goodman, Duke Ellington, Tommy Dorsey, Louis Armstrong e Glen Gray. Williams viajou pela Europa extensivamente e ficou em cartaz por muito tempo em Nova York. Sua estreia na gravação para a Paramount Records em 1927 deu início a uma carreira de estúdio que se estendeu até sua morte.

MARY LOU WILLIAMS

EARLY JAZZ GREATS

ERNEST "PUNCH" MILLER

Corneta

n: Raceland, Louisiana, 14 de junho de 1894
m: New Orleans, Louisiana, 2 de dezembro de 1971

Ernest "Punch" Miller tocou bumbo, trompa barítono e trombone antes de se decidir pela corneta e com ela se apresentou com Kid Ory e Jack Carey em New Orleans, na década de 1910. Em meados da década de 1920, Miller se mudou para Chicago e fez uma turnê com "Jelly Roll" Morton, Albert Wynn, "Tiny" Parham e Erskine Tate. De 1965 até a sua morte em 1971, Miller viveu em New Orleans, onde se apresentou até o final da sua vida.

ERNEST "PUNCH" MILLER

EARLY JAZZ GREATS

EDDIE SOUTH

Violino

N: *Louisiana, Missouri, 27 de novembro de 1904*
M: *Chicago, Illinois, 25 de abril de 1962*

Eddie South cresceu em Chicago, onde estudou com Charlie Elgar e Darnell Howard. Trabalhando com Elgar e Erskine Tate, South liderou o grupo Jimmy Wade's Syncopators, que tocou no Moulin Rouge Café de 1924 a 1927. Ao longo da década de 1930, South viajou pela Europa apresentando-se com o seu próprio grupo, os Alabamians. Sua estreia em gravações para a Paramount Records em 1923 foi com a banda de Wade. South continuou gravando para várias empresas até 1958. Ele retornou a Chicago na década de 1950, aparecendo em seus próprios programas de televisão, onde era conhecido como o Dark Angel of the Violin (Anjo Negro do Violino).

EDDIE SOUTH

EARLY JAZZ GREATS

ALEX HILL

Piano, arranjador

N: Little Rock, Arkansas, 19 de abril de 1906
M: Little Rock, Arkansas, fevereiro de 1937

Alex Hill tornou-se conhecido nos círculos de jazz de Chicago quando tinha cerca de 21 anos. Ele tocou e fez arranjos para diversos artistas como Jimmy Wade, Carroll Dickerson, Ernest "Punch" Miller, Albert Wynn e Jimmy Noone. Hill fez poucas gravações com seu próprio nome no final de 1929 e início de 1930. Ao se mudar para a área da Baía de San Francisco, ele fez arranjos para a famosa banda Paul Howard's Quality Serenaders. Hill passou a maior parte do resto da sua vida em Nova York, lutando contra o alcoolismo, mas também compondo músicas pop para a Mills Music, Inc., e fazendo arranjos para bandas famosas, como as lideradas por Paul Whiteman, Claude Hopkins e Duke Ellington. A tuberculose forçou Hill a se aposentar e ir morar na casa de seu irmão em Little Rock, onde morreu.

ALEX HILL

EARLY JAZZ GREATS

JOE VENUTI

Violino

N: *A bordo de um navio da Itália para os Estados Unidos, 1903*
M: *Seattle, Washington, 14 de agosto de 1976*

Joe Venuti foi criado na Filadélfia, onde se tornou violinista profissional. Seu treinamento clássico lhe garantiu uma técnica excelente e uma entonação perfeita. Venuti e o violonista Eddie Lang se conheceram como colegas de escola em 1915 e começaram a tocar juntos profissionalmente em 1918, numa parceria que durou até a morte de Lang, em 1933. Venuti começou sua carreira tocando polcas e mazurcas, que já tinham um quê de jazz, e à medida que foi se expandindo mais plenamente para melodias de jazz, a sua extraordinária fluência instrumental lhe permitiu improvisar com muita facilidade. Venuti gravou com alguns dos grandes nomes do jazz, especialmente "Bix" Beiderbecke, e para seus próprios grupos escolhia instrumentistas talentosos como Frank Signorelli, Adrian Rollini, Benny Goodman e Tommy e Jimmy Dorsey. Venuti manteve a precisão técnica e a criatividade musical até os seus últimos anos de vida.

JOE VENUTI

EARLY JAZZ GREATS

FLETCHER HENDERSON

Piano, arranjador

N: *Cuthbert, Georgia, 18 de dezembro de 1897*
M: *Nova York, Nova York, 28 de dezembro de 1952*

Fletcher Henderson foi para Nova York em 1920, onde se tornou compositor de músicas para a Pace & Handy Music Co. Quando Harry Pace deixou a empresa para se tornar o primeiro empresário negro a criar uma gravadora, a Black Swan Records, Henderson se tornou o diretor de gravações e o líder da orquestra da gravadora. De 1924 a 1934, sua banda tocou no Roseland Ballroom, principal salão de dança de Nova York. Gravando regularmente a partir de 1921, foi pioneiro ao ser o primeiro arranjador-líder a dividir sua orquestra em seções, para criar nuances no contraste tonal. Seu maior sucesso foi criar o famoso som da era do suingue da orquestra de Benny Goodman.

FLETCHER HENDERSON

EARLY JAZZ GREATS

JIMMY NOONE

Clarinete, saxofone alto

N: *Cut-Off, Louisiana, 23 de abril de 1895*
M: *Los Angeles, Califórnia, 19 de abril de 1944*

Um dos maiores clarinetistas e saxofonistas altos de todos os tempos, Jimmy Noone estudou com Sidney Bechet, a quem substituiu na banda de Freddie Keppard em 1913, quando fez sua primeira apresentação profissional. Noone tocou com Kid Ory, King Oliver e a Doc Cooke's Dreamland Orchestra, fazendo uma série de gravações com Earl "Fatha" Hines em 1928. Depois, continuou a gravar com sua própria orquestra ao longo dos anos 1930. Ele tocou na rádio e com os Bowery Boys no filme *Block Busters* (1944), da Monogram Pictures, pouco antes de morrer.

JIMMY NOONE

EARLY JAZZ GREATS

BENNY GOODMAN

Clarinete

N: Chicago, Illinois, 30 de maio de 1909
M: Nova York, Nova York, 13 de junho de 1986

Benny Goodman aprendeu a tocar clarinete aos 12 anos e iniciou sua carreira profissional um ano depois. Tendo tocado no Guyon's Paradise e Midway Gardens, ele foi então contratado em 1925 por Ben Pollack, com quem permaneceu (com interrupções) até 1929, quando se tornou freelancer em Nova York. Lá ele se apresentou em programas de rádio, tocou em orquestras da Broadway e fez gravações. Sua primeira banda foi criada em 1934 e tocou no programa de rádio *Let's Dance*, onde ele foi apresentado como o Rei do Suingue. Seu sucesso fenomenal logo no início deveu-se aos arranjos de Fletcher Henderson. O primeiro grande sucesso de Goodman foi o arranjo de Henderson para "King Porter Stomp", de "Jelly Roll" Morton, em 1935.

BENNY GOODMAN

EARLY JAZZ GREATS

PIONEIROS DA MÚSICA COUNTRY

ANDY PALMER DA JIMMY JOHNSON'S STRING BAND

Rabeca

N: c. 1881
M: c. 1929

Andy Palmer era do condado de Anderson, no Kentucky, e pode ser considerado o exemplo perfeito de um rabequeiro tradicional dos velhos tempos. A sua fascinante dinâmica de performance definida pelos crescendos de volume brilhantemente controlados e pelo rápido e articulado ataque (momento inicial da música) o elevam a um pedestal ocupado somente por ele. Além disso, seu incomum e natural instinto de ritmo sincopado transformou Palmer no melhor dos rabequeiros de música dançante. É impossível ficar parado quando se ouve o brilhante trabalho de Palmer em suas únicas oito gravações para a Champion Records, lançadas em 1932 com a Jimmy Johnson's String Band. Esses discos de 78 RPM estão entre os mais raros dentre todas as gravações de música country. Existe somente uma cópia de cada um dos seus três discos, um deles vendeu apenas 99 cópias. O seu quarto disco nunca foi encontrado. Nascido por volta de 1881, Palmer foi ferroviário especialista em freios na L&N Railroad e também músico profissional durante os seus 48 anos de vida. Apesar de relativamente desconhecido até recentemente, agora é considerado um gigante da música americana dos velhos tempos.

ANDY PALMER of JIMMIE JOHNSON'S STRING BAND

ECK ROBERTSON AND FAMILY

Eck Robertson

Rabeca

N: *Delaney, Arkansas, 20 novembro 1887*
M: *Borger, Texas, 15 fevereiro 1975*

Dueron Robertson	**Nattie Robertson**	**Daphne Robertson**
Banjo	Violão	Violão tenor
N: *Desconhecido*	N: *Desconhecido*	N: *Desconhecido*
M: *Desconhecido*	M: *Desconhecido*	M: *Desconhecido*

Considerado por muitos o melhor rabequeiro de toda a era inicial da música country gravada, Alexander "Eck" Robertson nasceu em 1887 em Delaney, no Arkansas. Sua família mudou-se para Amarillo, no Texas, quando ele tinha 3 anos e onde passou o resto da vida. A tradição da rabeca era particularmente rica no Texas, onde o padrão de qualidade era talvez o melhor dos Estados Unidos. Nesse ambiente musical Robertson aprendeu todos os diversos estilos dos primórdios da música americana de rabeca e incrivelmente tornou-se exemplar em todos eles. O seu primeiro disco *Sally Gooden*, feito em 1922, foi um marco por ter sido a primeira gravação comercial de música americana tradicional. Passados mais de 85 anos, ainda impressiona pela técnica sensacional e pela brilhante gama de variações. É também o melhor exemplo do mais antigo estilo americano de toque de rabeca em existência: uma antiga afinação aberta em *lá* (*mi-lá-mi-lá*), na qual se usam bordões contínuos e é possível tocar a melodia em duas oitavas. Robertson também era capaz de tocar melodias de dança bem sincopadas, músicas ragtime, composições intrincadas, valsas delicadas, melodias de blues, e também rabeca de acompanhamento. O único outro artista que possuía total comando do inteiro espectro da música americana de rabeca era Ed Harley do Kentucky, um artista da mesma magnitude de Robertson. Robertson fez catorze gravações para a Victor, muitas das quais tinham o acompanhamento de sua esposa e filhos.

ECK ROBERTSON AND FAMILY

DA COSTA WOLTZ'S SOUTHERN BROADCASTERS

Da Costa Woltz

Banjo

N: Condado de Surrey, Carolina do Norte
M: Desconhecido

Frank Jenkins

Banjo

N: Condado de Surrey, Carolina do Norte, 1888
M: Desconhecido

Ben Jarrell

Rabeca, vocais

N: Condado de Surrey, Carolina do Norte, 1880
M: Desconhecido

Price Goodson

Gaita, ukulele, vocais

N: c. 1915
M: Desconhecido

O som bem característico da banda Da Costa Woltz's Southern Broadcasters era produto da excepcional interação entre a rabeca e os dois banjos. O banjo principal, tocado por Da Costa Woltz em afinação aberta, tinha uma sofisticada linha melódica, com estilo de toque que usava dois dedos comandados pelo polegar, semelhante ao de Marion Underwood do Kentucky. O segundo banjo, tocado na afinação padrão por Frank Jenkins, tinha um estilo mais sofisticado usando acordes e dedilhado com três dedos. Ambos eram virtuosos, com absoluto controle de suas técnicas e o magnífico som conjunto deles constituía o cerne da música da banda. A linha melódica era complementada por Ben Jarrell, na rabeca e nos vocais. Jarrell era um grande rabequeiro que tocava com um estilo sincopado caracterizado por um constante movimento do arco acentuando ritmicamente cada nota. Seu estilo energético de tocar rabeca e de cantar em tom agudo era um contraponto perfeito para os dois banjos. Nativos do condado de Surrey, na Carolina do Norte, esses três formavam o núcleo da banda. Em três das 18 gravações feitas numa única sessão para a gravadora Gennett, em 1927, a banda teve o acompanhamento de Price Goodson, um jovem de 12 anos que tocava gaita, ukulele e também cantava. Durante essa sessão, os membros da banda também gravaram individualmente com seus respectivos instrumentos como, por exemplo, o solo de banjo de Jenkins da música "Home Sweet Home" e a magistral performance de Woltz em "John Brown's Dream", o melhor exemplo de *clawhammer* banjo (estilo bem específico e mais antigo de tocar o banjo) daqueles tempos. Jenkins também tinha talento para a rabeca; sua música "Sunny Home in Dixie", gravada em 1929, demonstra bem seu estilo suave e visceral, seus legatos (técnica que consiste em ligar as sucessivas notas de modo que não haja nenhum silêncio entre elas) e seu tom amplo e grave. Apesar de se chamarem Broadcasters [locutores], a banda nunca se apresentou na rádio e só existiu por pouco tempo.

DA COSTA WOLTZ'S SOUTHERN BROADCASTERS

GID TANNER AND HIS SKILLET LICKERS

James Gideon (Gid) Tanner
Rabeca

N: *Thomas Bridge, Georgia, 6 de junho de 1885*
M: *Dacula, Georgia 13 de maio de 1960*

George Riley Puckett
Violão, vocais

N: *Alpharetta, Georgia, 7 de maio de 1894*
M: *Georgia, 14 de junho de 1946*

Lowe Stokes
Rabeca

N: *Desconhecido*
M: *Desconhecido*

Clayton McMichen
Rabeca

N: *Allatoona, Georgia, 26 de janeiro de 1900*
M: *Battlesboro, Kentucky, 4 de janeiro de 1970*

Fate Norris
Banjo

N: *Desconhecido*
M: *Desconhecido*

A banda de rabeca mais famosa dos anos 1920 era a Skillet Lickers, do norte da Georgia. A formação para as gravações feitas nessa década para a Columbia Records, que constituem a maioria dos trabalhos do grupo, foi com Lowe Stokes, Clayton McMichen, Bert Layne e James Gideon (Gid) Tanner nas rabecas, George Riley Puckett no violão e nos vocais e Fate Norris no banjo. As rabecas, nas sessões de gravação para a Bluebird Records nos anos 1930 foram tocadas por Gid Turner e seu filho Gordon. O estilo *clean* de Stokes, com seu fraseado articulado e tom espetacular (resultado do modo longo e suave do toque com o arco) o consagrou como um dos melhores rabequeiros já gravados. Tanner e o talentoso McMichen tocavam suas rabecas de maneira uníssona e harmoniosa que constituía o âmago da música da Skillet Lickers. Um dos vocalistas mais populares da época, Puckett tocava o acompanhamento no violão num estilo bem marcante com notas graves. Tanner, um músico passável, era o organizador e o comediante da banda. O grupo foi prolífico fazendo mais de cem gravações para a Columbia e a Bluebird. Os melhores momentos da banda vieram do som maravilhoso e intenso criado pelas duas ou três rabecas tocando em conjunto e produzindo um som suave e refinado, emocionante na sua força pura e tradicional.

GID TANNER AND HIS SKILLET LICKERS

FIDDLIN' JOHN CARSON & HIS VIRGINIA REELERS

Fiddlin' John Carson
Rabeca
N: *Blue Ridge, condado de Fannin, Georgia, 23 de março de 1868*
M: *11 de dezembro de 1949*

T. M. Brewer
Rabeca
N: *Desconhecido*
M: *Desconhecido*

Rosa Lee
Violão
N: *Desconhecido*
M: *Desconhecido*

Fiddlin' John Carson foi um dos principais pioneiros nas primeiras gravações comerciais de country. Sua gravação de 1922 de "Little Old Log Cabin in the Lane" foi o primeiro registro oficial de música country e deu a entender às gravadoras que esse estilo musical poderia ser vendido com lucro para um público exclusivamente rural. Essa percepção foi a base da música country comercial. Carson era bem familiarizado tanto com os estilos mais antigos, com suas características de afinações abertas, quanto com os repertórios principais daquele período. Embora um pouco rude no início da música, o seu estilo de tocar rabeca chamava atenção por seu som sincopado e tom ressonante que era frequentemente aumentado pelos bordões criados pelo som das cordas com suas afinações abertas. Carson foi responsável por algumas das melhores versões de músicas e suas performances eram repletas de reviravoltas de ritmo e fraseado. Ele era especialista no velho estilo tradicional de acompanhar sua voz com o som de sua própria rabeca. As melhores gravações de Carson foram as de 1927 com o grupo Virginia Reelers, cujos demais membros eram Earl Johnson e T. M. Brewer tocando rabecas (nesta ilustração, T. M. é mostrado à direita, tocando violão); a filha Rosa Lee ("Moonshine Kate") e Peanuts Brown nos violões (Rosa, à esquerda, é mostrada tocando banjo); e Bill White no banjo. Essas performances estão entre as mais emocionantes e belas de todo o período. Existem algumas gravações nas quais se ouve Carson mais do que um pouco embriagado, e essas são, dependendo da perspectiva, muito engraçadas ou muito tristes. Carson fez mais de 125 gravações, principalmente para a Okeh Records.

FIDDLIN' JOHN CARSON & his VIRGINIA REELERS

EARL JOHNSON AND HIS DIXIE ENTERTAINERS

Earl Johnson
Rabeca

N: *Condado de Gwinnett, Georgia, 1886*
M: *Lawrenceville, Georgia, 1965*

Byrd Moore
Violão

N: *Desconhecido*
M: *Desconhecido*

Emmett Bankston
Banjo

N: *Desconhecido*
M: *Desconhecido*

Nascido em 1886 no condado de Gwinnett, na Georgia, Earl Johnson pode ser considerado o rabequeiro mais eletrizante de todos os tempos. Embora não tenha sido nem um grande instrumentista nem um grande cantor, a sua velocidade alucinante, dinâmica estimulante e vocais sensacionais fascinaram seu público durante seus mais de cinquenta anos como músico profissional dos velhos tempos e continuam até hoje a encantar novas gerações de ouvintes. As primeiras gravações de Johnson foram para a Paramount Records com o grupo de Arthur Tanner e ele também fez três gravações para a Victor. Seus maiores clássicos foram gravados pela Okeh Records, com seus próprios grupos Dixie Entertainers e Clodhoppers e também com a banda de John Carson, os Virginia Reelers. Essas músicas se destacam por seus arranjos para duas ou três rabecas, nos quais Johnson tocou uma segunda rabeca aguda. O grupo era dos mais coesos e afiados, em grande parte devido ao grande trabalho de acompanhamento de Byrd Moore e Red Henderson nos violões e Emmett Bankston no banjo, que contribuíram imensamente para o grande sucesso de Johnson.

EARL JOHNSON AND HIS DIXIE ENTERTAINERS

CARTER FAMILY

Maybelle Addington Carter
Violão

N: *Nickelsville, Virginia,
10 de maio de 1909*
M: *23 de outubro de 1978*

A. P. Carter
Arranjador, harmonia

N: *Maces Spring, condado de Scott,
Virginia, 15 de dezembro de 1891*
M: *7 de novembro de 1960*

Sara Dougherty Carter
Vocais, violão, autoharpa

N: *Flatwoods, Virginia,
21 de julho de 1898*
M: *8 de janeiro de 1979*

As quase trezentas canções que a Carter Family gravou entre 1927 e 1941 constituem a coleção mais formidável de baladas americanas tradicionais, representando coletivamente (com a possível exceção das de Jimmie Rodgers) as performances mais influentes da época. O estilo peculiar de tocar violão de Maybelle Addington Carter, chamado de *thumb-lead* (usando uma palheta de polegar que toca a melodia enquanto o indicador, também equipado com uma palheta, dedilha o acompanhamento), aplaudido e imitado por incontáveis luminares da música country por mais de 75 anos, e os estilos vocais da Carter Family contribuíram muito para o desenvolvimento inicial do *bluegrass* (estilo particular de country). De Maces Springs, condado de Scott, no extremo oeste da Virginia, A.P. Carter foi o arranjador e, por vezes, cantor de harmonia do grupo. Sara Dougherty (esposa de A.P.) era a grande vocalista da família e tocava um segundo violão e uma autoharpa (espécie de cítara). Os discos da Carter Family tiveram grande sucesso de vendas e o grupo foi uma das estrelas do início do novo cenário da música country. Nos dois primeiros anos das gravações da Carter Family (para a Victor – mais tarde eles gravaram para a ARC Records e a Decca), o grupo produziu algumas das melhores performances da música tradicional americana. O canto de Sara em tom agudo, com uma qualidade incomparável de verdadeiro lamento e o jeito genial de Maybelle tocar o violão capturaram perfeitamente toda a dinâmica dos estilos de banjo *clawhammer* tradicionais.

CARTER FAMILY

FIDDLIN' DOC ROBERTS TRIO

Doc Roberts
Rabeca

N: *Condado de Madison, Kentucky,
26 de abril de 1897*
M: *4 de agosto de 1978*

Ted Chesnut
Bandolim

N: *Desconhecido*
M: *Desconhecido*

Dick Parman
Violão

N: *Desconhecido*
M: *Desconhecido*

Nascido em 1897 no condado de Madison, Kentucky, Dock Philip "Doc" Roberts foi um dos melhores rabequeiros que gravaram suas músicas nas décadas de 1920 e 1930. Durante os seus dez anos de carreira fazendo gravações com Gennett Records, American Recording Company e Paramount Records, Roberts registrou mais de oitenta excelentes músicas tradicionais e todas praticamente ótimos exemplos do repertório clássico de seu nativo Kentucky. Ele era um dos rabequeiros tecnicamente mais hábeis da época, tinha um tom magnificamente rico e captava perfeitamente todas as cadências sutis e os toques doces de blues que caracterizavam o estilo de música da parte central do Kentucky que ele representava tão bem. A principal influência estilística de Roberts foi Owen Walker, um famoso rabequeiro negro que nasceu em 1857 e de quem Roberts obteve a maioria de suas músicas.

Aparentemente os afro-americanos do Kentucky tiveram um impacto mais profundo na música de rabeca, apesar de ela ser principalmente domínio dos brancos, já que era predominantemente celta na sua origem, e a música de Roberts, junto com a do rabequeiro negro do Kentucky, Jim Booker, representam os únicos elos remanescentes desse capítulo fascinante na história da música americana. Embora uma banda diferente esteja retratada nesta ilustração, o parceiro mais frequente de gravação de Roberts foi Asa Martin, que fazia o acompanhamento no violão e que em sessões posteriores foi acompanhado pelo filho de Roberts, James. Somente o notável conjunto de melodias de rabeca gravadas por Clark Kessinger, talvez o melhor rabequeiro de todo o período, seja comparável ao trabalho de Roberts em tamanho e escopo.

FIDDLIN' DOC ROBERTS TRIO

TED GOSSETT DA TED GOSSETT'S STRING BAND

Rabeca

N: *Perto de Graham, Kentucky, 1904*
M: *Desconhecido*

As gravações feitas pela banda de Ted Gossett têm um estilo totalmente único. O toque da rabeca, seja nas seis gravações com Ted Gossett ou nas três com Tommy Whitmer, se destaca por uma dinâmica impetuosa e um fraseado abrupto e curto. O toque do violão de acompanhamento também é incomum, muitas vezes acentuando as batidas com graves que são apenas vagamente relacionadas à melodia. O toque do banjo (com palhetas de dedo) em staccato, como no caso da rabeca, tem uma propulsão frenética e o resultado sonoro do conjunto é emocionante e eletrizante. Gossett nasceu em 1904 perto de Graham, no Kentucky, e aprendeu o básico do instrumento com seu pai, Noah "Big Son" Gossett. Whitmer, cujo toque soa quase exatamente como de Gossett, era de uma geração acima, tendo nascido em 1886 perto de Bremen, também no Kentucky. Ambos eram grandes rabequeiros que tocavam com grande entusiasmo e riqueza de tom. Todos os membros da banda eram do condado de Muhlenberg, no Kentucky. Os violonistas eram Earl Nossinger e Enos Gossett, enquanto Pete Woods tocava banjo. As nove músicas da banda foram gravadas para a gravadora Gennett em 1930. Hoje, a música da Ted Gossett String Band é considerada das mais emocionantes já gravadas por uma banda de cordas country.

TED GOSSETT of TED GOSSETT'S STRING BAND

JIMMIE RODGERS

Violão

N: *Meridian, Mississippi, 8 de setembro de 1897*
M: *Nova York, Nova York, 26 de maio de 1933*

De todos os milhares de artistas rurais que gravaram na década de 1920, nenhum teve mais impacto no cenário musical americano do que Jimmie Rodgers. Sua influência foi imensa: pode-se dizer que Rodgers foi o responsável pelo sucesso do progresso de toda a música country e western. A partir dele, pelos quinze a vinte anos que se seguiram, todos os artistas country importantes foram intensamente influenciados por Rodgers. Seu repertório vinha dos vários tipos da música americana, baseando-se fortemente em uptown blues e nas músicas sentimentais favoritas da Tin Pan Alley — como ficou conhecida a indústria musical americana. Muitas das composições musicais que Rodgers gravou (a maioria das quais foram escritas por ele mesmo ou compostas por sua cunhada, Elsie McWilliams) se enquadram nesses gêneros. A tendência dos compositores em escrever novas canções que incorporassem sons clássicos mas que refletissem perfeitamente as realidades contemporâneas, estava no cerne do progresso da comercialização da música country. O estilo de Rodgers seguia esse padrão: ele se expressava como os antigos artistas rurais, mas também era sofisticado e contemporâneo nos seus arranjos e no modo de se apresentar. Nascido em Meridian, no Mississippi, em 1897, Rodgers morreu prematuramente de tuberculose em 1933, um dia após sua última sessão de gravação. Seu longo repertório de gravações foi feito para a Victor Records entre 1927 e 1933. Durante esse período, suas gravações venderam mais cópias do que qualquer outro artista da indústria musical.

JIMMIE RODGERS

HARRY "MAC" MCCLINTOCK

Vocais

N: *Knoxville, Tennessee, 8 de outubro de 1882*
M: *San Francisco, Califórnia, 24 de abril de 1957*

Harry "Haywire Mac" McClintock nasceu em Knoxville, no Tennessee, em 1882 e teve uma vida interessantemente variada antes de se estabelecer como um cantor caubói. Ele foi montador de mulas, ferroviário, sindicalista, se apresentou em feiras de medicina, foi artista em barcos a vapor e, com a tenra idade de 14 anos, quando saiu de casa para sempre, foi membro do Gentry Brothers Dog and Pony Show. McClintock se tornou um cantor caubói porque notou uma receptividade entusiástica das canções de caubói que interpretava, nos campos de mineração e cidades onde havia criação de gado e por onde passou. Ao conseguir trabalho fixo na rádio em 1925, consolidou a sua recém-descoberta carreira. As músicas de seu repertório eram fáceis de serem adquiridas, pois já eram comuns nas tradições orais e impressas da época. A maioria dos cantores caubóis cantavam as mesmas músicas, muitas das quais foram lançadas primeiramente como poemas em jornais que circulavam no oeste dos Estados Unidos, nas décadas de 1870 e 1880. McClintock gravou mais de vinte músicas para a Victor Records, no final dos anos 1920, e quatro para a Decca Records nos anos 1930. Com exceção de Dick Devall, que cantava com um tom sombrio retratando mais verdadeiramente a realidade da vida árdua do Velho Oeste, todos os cantores caubóis das décadas de 1920 e 1930 retratavam uma imagem incrivelmente romantizada da vida do oeste americano. Foi uma imagem divulgada e cultivada pela mídia da época: uma imagem que teria, daí em diante, um impacto notável na psique americana.

HARRY "MAC" McCLINTOCK

DR. HUMPHREY BATE AND HIS POSSUM HUNTERS

Dr. Humphrey Bate
Gaita

N: *Castillian Springs, Tennessee, 25 de maio de 1875*
M: *12 de junho de 1936*

Bill Barret	**Stalry Walton**	**Walter Ligget**	**James Hart**	**Oscar Albright**
Rabeca	Violão	Banjo	Violão	Contrabaixo
N: *Desconhecido*	N: *Desconhecido*	N: *Desconhecido*	N: *Desconhecido*	N: *Desconhecido*
M: *Desconhecido*	M: *Desconhecido*	M: *Desconhecido*	M: *Desconhecido*	M: *Desconhecido*

Dr. Humphrey Bate, um médico simpático do interior, de Castillian Springs, no Tennessee, foi o fundador e líder da Possum Hunters. Sua banda foi a primeira, e uma das mais famosas, a se apresentar nos primórdios da Grand Ole Opry, o maior "templo" da música country americana. Ele era um excelente gaitista, e seu grupo de músicos talentosos incluía Stalry Walton e James Hart nos violões, Oscar Stone e Bill Barret nas rabecas, Walter Ligget no banjo e Oscar Albright no contrabaixo. O estilo de sua música estava firmemente enraizado nas tradições musicais do oeste do Tennessee. Apresentando o contraste dramático entre um suave e fluido contrabaixo e um banjo com um som que parecia simular código Morse, o som da Possum Hunters era muito semelhante ao da Weems String Band (ver p. 238), outro grupo famoso da mesma região. Bate era já um homem de meia-idade em 1928, quando gravou para a Brunswick/Vocalion e isso se refletiu no estilo da banda que tocava música tradicional com estilo antigo. O staccato brilhante dessas dezesseis músicas, caracteriza bem um importante ramo da música americana dos velhos tempos. Bate e seu grupo tocaram com muita frequência na rádio e ao vivo, até sua morte em 1936.

DR. HUMPHREY BATE AND HIS POSSUM HUNTERS

UNCLE DAVE MACON AND HIS FRUIT-JAR DRINKERS

Uncle Dave Macon

Banjo

N: Smart Station, condado de Warren, Tennessee, 7 de outubro de 1870
M: 22 de março de 1952

Sam McGee	**Kirk McGee**	**Mazy Todd**
Violão	Vocais, rabeca	Rabeca
N: Desconhecido	*N: Desconhecido*	*N: Desconhecido*
M: Desconhecido	*M: Desconhecido*	*M: Desconhecido*

Uncle Dave Macon foi uma figura gigante na música country durante a primeira metade do século XX e sua fama perdura até hoje. Enquanto novos públicos continuam descobrindo suas ótimas gravações, ele ainda é estimado e aclamado pelas multidões desde quando se apresentou por 25 anos como um importante artista do Grand Ole Opry. Nascido em 1870 em Smart Station, no condado de Warren, Tennessee, Macon aprendeu muito de seu amplo repertório e de suas variadas técnicas de banjo, de fontes tradicionais vindas do interior do Tennessee e também interagindo com menestréis e músicos de vaudeville que frequentavam o hotel de propriedade de sua família, o qual ele manteve mesmo depois de se mudar para Nashville. O jeito de cantar de Macon e o seu jeito divertido de tocar banjo eram pouco sofisticados, mas eram cativantes por sua alegria e vitalidade, assim como por sua energia ilimitada. Suas melhores gravações foram feitas em 1926 e 1927 para a Vocalion Records, com a ajuda de seus colegas do Tennessee, como Sam McGee (um dos melhores violonistas country da época), Kirk McGee, um excelente cantor e rabequeiro, e Mazy Todd, um excelente rabequeiro tradicional. Coletivamente, o grupo era conhecido como Fruit-Jar Drinkers. Macon fez centenas de gravações entre 1924 e 1938, predominantemente para a Brunswick/Vocalion, mas também para a Okeh Records, Gennett Records e Bluebird Records. Ele morreu em 1952, deixando um legado de incontáveis gravações clássicas que perduram até hoje, muitas das quais são as únicas documentações de uma coletânea de canções americanas de valor inestimável.

UNCLE DAVE MACON
AND HIS FRUIT-JAR DRINKERS

BURNETT & RUTHERFORD

Dick Burnett	**Leonard Rutherford**
Violão, banjo, vocais	Rabeca, vocais
N: nas vizinhanças de Monticello, Kentucky, 1883	N: nas vizinhanças de Monticello, Kentucky, c. 1900
M: 1977	M: 1954

A dupla Burnett & Rutherford, da região de Monticello, no Kentucky, foi musicalmente um dos principais grupos country a gravar na década de 1920. O toque suave de Leonard Rutherford contrastava fortemente com o ritmo staccato e dramaticamente pontuado de Dick Burnett tanto no violão, quanto no banjo. Essa justaposição de contrastes tinha tudo para ser problemática, mas na realidade funcionou bem, instilando na música da dupla uma delicada eloquência e características country poderosas. A qualidade de suas performances era incrementada ainda mais pela precisão dos acompanhamentos vocais de Burnett. Rutherford foi um dos melhores rabequeiros tradicionais já gravados. Ele tinha um toque levíssimo no arco e mais agilidade de pulso que qualquer outro rabequeiro, podendo mudar a direção do arco sem esforço. Esse talento raro foi responsável por suas interpretações com incrível suavidade e requinte de tom. A técnica de Rutherford era totalmente única. Outros gostariam de ter tocado como ele, se pudessem, mas sua técnica era muito sofisticada e difícil de ser imitada. Como sua técnica instrumental, os vocais de Rutherford eram mais suaves, enquanto os de Burnett eram mais roucos. Burnett nasceu em 1883. Ele se tornou músico profissional em 1907, depois de ficar cego de um olho devido a um tiro no rosto. Rutherford tinha quase 14 anos quando, em 1914, Burnett o colocou sob sua tutela. Pelos próximos 35 anos, eles viajaram e tocaram intensamente se apresentando por todo o Sul dos Estados Unidos. Gravaram extensivamente para a Columbia Records e Gennett Records entre 1926 e 1930, deixando um legado de muitas performances que podem ser consideradas entre as melhores do período.

BURNETT & RUTHERFORD

MUMFORD BEAN AND HIS ITAWAMBIANS

Mumford Bean
Rabeca

N: c. 1916
M: Desconhecido

Relder Priddy
Bandolim

N: Desconhecido
M: Desconhecido

Morine Little
Violão

N: Desconhecido
M: Desconhecido

O único disco lançado de Mumford Bean foi de duas antigas valsas. Bean tinha apenas 12 anos quando gravou essas músicas para a Okeh Records em 1928. Seu toque de rabeca foi incrementado pela participação dos parentes Relder Priddy no bandolim e Morine Little no violão . A banda era do condado de Itawamba, no nordeste do Mississippi. Em contato com música desde o nascimento, e auxiliados por afinações abertas tradicionais que exigiam pouca técnica, muitos músicos do interior como Mumford Bean começaram a tocar instrumentos desde cedo. O fato de vários membros da família também serem músicos ajudou o principiante a ter acesso em primeira mão a professores e a instrumentos já afinados para praticar.

MUMFORD BEAN AND HIS ITAWAMBIANS

SHELOR FAMILY

Joe "Dad" Blackard
Banjo, vocais

Clarice Shelor
Piano, vocai

Jess Shelor
Rabeca

Pyrus Shelor
Rabeca

A Shelor Family, do condado de Patrick, na Virginia, também conhecida como Dad Blackard's Moonshiners era formada por Joe "Dad" Blackard, o pai que tocava banjo e fazia os vocais, por sua filha Clarice Shelor no piano e nos vocais, o marido dela, Jesse, na rabeca e o irmão dele também na rabeca. Eles fizeram quatro gravações brilhantes para a Victor Records em 1927 e, como muitos artistas country daquele período, voltaram para o total anonimato e nunca mais gravaram nada. Mais de 90% das primeiras bandas a fazerem gravações eram compostas por membros na faixa etária dos vinte anos ou mais jovens. Esse fato se repete ainda hoje em dia com as bandas pop e talvez isso aconteça praticamente em todas as épocas. Esses jovens músicos do interior viam a si próprios como performers pop. Embora tocassem músicas mais que conhecidas, eles davam às mesmas uma interpretação estruturada para agradar aos gostos do lugar e dos tempos em que viviam. Músicos mais velhos raramente conseguiam fazer gravações, mas quando as faziam elas ofereciam uma rara visão da música dos meados do século XIX. Blackard, que nasceu antes da Guerra Civil Americana (1861-1865), contribui particularmente com esse componente para a música da Shelor Family tanto com o seu jeito sereno, com seu ritmo alegre de tocar, quanto com pérolas musicais como a Big Bend Gal. Aliás, Blackard forneceu, em 1918, um grande número de antigas e belas baladas ao renomado historiador musical Cecil Sharp.

SHELOR FAMILY

W.T. NARMOUR & S.W. SMITH

Will (W.T.) Narmour	Shell (S.W.) Smith
Rabeca	Violão
N: *1889*	N: *1895*
M: *Desconhecido*	M: *Desconhecido*

Os duetos de rabeca e violão da dupla Narmour & Smith são imediatamente identificáveis como música do Mississippi. Nas áreas mais montanhosas dos Apalaches do Sul dos Estados Unidos, os rabequeiros eram conhecidos pela maneira ágil de tocar através da qual notas curtas animavam os movimentos de ida e volta do arco, transmitindo um ritmo altamente sincopado. Esse estilo estava a serviço da dança e os rabequeiros afinavam suas cordas bem acima do tom padrão, em *lá* ou *ré*. Por outro lado, os rabequeiros do Mississippi tendiam a afinar seus instrumentos bem abaixo do tom de concerto, em *dó* ou *sol*, o que transmitia uma sensação doce e suave, mas que diminuía a característica de música dançante. Em contraste com o estilo comum nos Apalaches, os rabequeiros do Mississippi optavam por um tom requintado e doce que usava notas e fraseado prolongados cujo ritmo servia mais como apoio e era menos sincopado do que os dos estilos tocados nas outras regiões do sul dos Estados Unidos. Will (W.T.) Narmour foi um bom exemplo de rabequeiro do Mississippi que conseguia extrair o máximo de nuance de expressão de cada nota tocada. Shell (S.W.) Smith era um violonista pouco sofisticado, que muitas vezes ignorava as mudanças necessárias de acordes, mas fazia um excelente trabalho de apoio à rabeca de Narmour. Suas peculiaridades de ritmo e entonação de blues proporcionaram a Narmour & Smith um som característico dentro do estilo do Mississippi, no qual eles se enquadraram tão bem. Eles gravaram 31 canções para a Okeh Records no final dos anos 1920 e repetiram muitas delas em gravações para a Bluebird Records nos anos 1930.

W. T. NARMOUR & S. W. SMITH

RAY BROTHERS

Will Ray
Violão

N: Condado de Choctaw, Chester, Mississippi
M: Desconhecido

Vardeman Ray
Rabeca

N: Condado de Choctaw, Chester, Mississippi
M: Desconhecido

É muito provável que os primeiros colonizadores vindos das Ilhas Britânicas para a América tenham trazido pelo menos seis ou sete diferentes tradições de tocar música de rabeca. Por exemplo, os estilos do Alabama e do Mississippi são únicos em sua encorpada riqueza de tom e em seu ritmo fluido, e parecem não ter nada a ver com o estilo intenso tocado no resto do Sul do país. Um perfeito exemplo desse estilo suave e envolvente é a música dos Ray Brothers, da cidade de Chester, no condado de Choctaw, Mississippi. Will Ray e seu irmão, Vardeman (tocando violão e rabeca, respectivamente, e mostrados na ilustração com outros três irmãos), formaram um dos melhores conjuntos de rabeca já gravados, rivalizado apenas pelos irmãos Stripling, suas almas gêmeas do Alabama.

A suavidade dos estilos de rabeca em todo o Alabama e o Mississippi foi ampliada pela prática comum de fazer a afinação da rabeca bem abaixo do tom de concerto. Essa tradição contrasta fortemente com a da maior parte do sul, onde a rabeca é afinada bem acima do tom de concerto para criar um som mais adequado a danças. Devido ao maior uso de notas de melodia baixas e o uso sofisticado de acordes de transição, o acompanhamento de dedilhado de violão era mais complexo nesses dois estados do que no estilo rudimentar *"boom chang"* que era comum na maior parte do Sul. As dez músicas gravadas para a Victor Records em 1930, que representam toda a produção dos Ray Brothers, são elogiadas por expressarem uma musicalidade do mais alto padrão.

RAY BROTHERS

THE TENNESSEE RAMBLERS

Bill Sievers
Rabeca

N: Knoxville, Tennessee, 1875
M: Desconhecido

Willie Sievers
Violão

N: Knoxville, Tennessee
M: Desconhecido

Mack Sievers
Banjo

N: Knoxville, Tennessee
M: Desconhecido

Walt McKinney
Violão

N: Knoxville, Tennessee
M: Desconhecido

The Tennessee Ramblers era um grupo de uma família da região de Knoxville cujos membros eram Bill Sievers (nascido em 1875) na rabeca, seu filho Mac e sua filha Willie, no banjo e no violão respectivamente, e o primo deles Walt McKinney no violão de aço (tocado com *slide* de aço). Eles gravaram onze músicas lançadas pela gravadora Brunswick/Vocalion, no final dos anos 1920. Estilisticamente o grupo tinha um som parecido com o dos grupos de Earl Johnson (ver p. 180), que era amigo da família. A banda até gravou algumas das mesmas músicas de Johnson. Apesar de ser uma banda musicalmente de qualidade, a sua popularidade vinha principalmente da sua capacidade de distrair o público. The Ramblers tinham uma política de "entretenimento em primeiro lugar" e isso fica bem claro no conteúdo alegre e divertido das suas performances nas gravações.

COUNTRY

THE TENNESSEE RAMBLERS

ERNEST STONEMAN AND THE BLUE RIDGE CORN SHUCKERS

Ernest Stoneman
Violão, Vocais

N: Monarat (Iron Ridge), Virginia, 25 de maio 1893
M: 14 de junho 1968

Iver Edwards	George Stoneman	Eck Dunford	Hattie Stoneman	Bolen Frost
Ukulele	Banjo	Rabeca	Rabeca	Banjo
N: Desconhecido	N: Desconhecido	N: Desconhecido	N: Desconhecido	N: Desconhecido
M: Desconhecido	M: Desconhecido	M: Desconhecido	M: Desconhecido	M: Desconhecido

A maior contribuição de Ernest Stoneman aos primórdios da música country não foi nem tanto como artista em si, mas como um caçador de talentos mesmo que de forma não premeditada. O fabuloso e sempre renovado grupo de performers que ele trazia ao estúdio para gravar propiciou um grande legado de excelente música. Alguns desses artistas foram Eck Dunford, Frank e Oscar Jenkins, The Sweet Brothers, Kahle Brewer, Emmett Lundy, Fields Ward, Irma Frost e Hattie Stoneman. Esses ótimos artistas, somados aos bons instintos para arranjos do próprio Stoneman, foram responsáveis pela alta qualidade das músicas nas suas gravações. Stoneman, desde criança, sempre esteve envolvido com música. Quando os primeiros discos country de 78 RPM apareceram, ele entrou em contato com as maiores gravadoras e logo começou a gravar com seus próprios acompanhamentos de autoharpa e gaita para a gravadora Okeh Records. Os seus esforços de gravação acústica (antes de 1926) foram musicalmente fracos, como a maioria dos discos country do período 1923-1926. Com o advento da gravação elétrica e o uso do formato de banda completa, as gravações de Stoneman melhoraram consideravelmente e muitas se tornaram clássicos do gênero. Estilisticamente todos os grupos de Stoneman compartilharam as características de linhas melódicas simples e modestas, um jeito solto de fluir e um fraseado perfeito. Stoneman gravou mais de duzentas músicas, melodias de rabeca, música sacra e esquetes para Victor Records, Okeh Records, Gennett Records, Edison Records e The American Record Company. "Pop" Stoneman, como ele era conhecido por todos nos anos mais avançados da sua vida, morreu em 1968.

ERNEST STONEMAN and the BLUE RIDGE CORN SHUCKERS

SHEPHERD BROTHERS

Bill Shepherd	**Hayes Shepherd**
Vocais, rabeca	Banjo
N: *Jenkins, Kentucky*	N: *Jenkins, Kentucky*
M: *Desconhecido*	M: *Desconhecido*

Novos estilos musicais floresceram na região da fronteira dos estados do Kentucky e da Virginia, nos anos 1920. Essa região produziu música conhecida pelo seu fraseado alucinante, interpretação vocal em tom agudo e uma estrutura inspirada no blues. Entre os maiores talentos daquela região estavam Bill e Hayes Shepherd, de Jenkins, Kentucky. O estilo deles de tocar era semelhante ao de "Dock" Boggs (ver p. 232) nascido em West Norton, Virginia, mas no caso dos irmãos, a música era tocada com mais força e garra. Os Shepherd eram bons representantes do leste do Kentucky tanto no modo de cantar de Bill, em falsete tenor alto, quanto no estilo "sagrado" dos blues que caracterizavam todas as performances deles. Melodicamente, muitos blues têm uma notável semelhança com a música religiosa fundamentalista branca dos velhos tempos: a limitação das escalas musicais utilizadas são quase idênticas e elas compartilham modos em comum. Se um hino Batista antigo tiver a sua velocidade dobrada, a enorme semelhança com os blues fica logo aparente. Das dez músicas de Bill Shepherd gravadas para a Gennett Records em 1932, somente duas foram lançadas. Elas são ambas obras de arte que foram precursoras do estilo das melhores gravações feitas por Bill Monroe quinze ou vinte anos mais tarde e que realçam o mesmo som com vozes em tons agudos e lamentosos, sempre associados com os músicos do Kentucky. Nessas gravações Hayes e um outro irmão tocaram banjo e Ed Webb, o violão. O jeito estridente de cantar de Hayes e o seu toque de banjo aparecem na sua única gravação solo que ele fez para a Vocalion em 1930 e caracterizaram uma das melhores performances da época. A perda inestimável de oito músicas de Shepherd, nunca lançadas pela Gennett, infelizmente reflete o preconceito em relação aos vocais tradicionais das antigas gerações. Uma frase que deveria ser considerada infame para sempre é uma que aparece frequentemente nos registros da Gennett: "Rejeitado — caipira demais".

SHEPHERD BROTHERS

TAYLOR-GRIGGS LOUISIANA MELODY MAKERS

Foster Taylor	**Robert Grigg**	**Ausie Grigg**	**Lorean Grigg**	**Ione Grigg**	**Crockett Grigg**	**Clavie Taylor**
Rabeca	Rabeca, vocais	Contrabaixo	Bandolim	Violão	Vocais	Vocais

A música do grupo Taylor Griggs Louisiana Melody Makers, que era da região de Arcadia, na Louisiana, era bem distinta. Era certamente a mais delicada e suave dentre as tocadas pelas bandas dos velhos tempos, já gravadas. Essas características, que são bem representativas do estilo dos estados mais ao Sul dos Estados Unidos, eram evidenciadas pela escolha do material no qual predominavam os vocais lentos e as valsas. O belo jeito de Ausie Grigg de tocar o seu contrabaixo usando o arco valorizava ainda mais essas qualidades. Para tocar as quatro músicas selecionadas para a primeira sessão de gravação, o grupo teve a formação mostrada na ilustração com Foster Taylor ou Robert Grigg (pai do Ausie) na rabeca, Ausie no contrabaixo e suas irmãs Lorean no bandolim e Ione no violão. Os vocais foram cantados pelo irmão Crockett, por Robert e Clavie Taylor (um sobrinho de Foster). A segunda sessão de gravações para a Victor Records, para a qual escolheram seis músicas, foram gravadas com Foster, Ausie, Bun Hiser no bandolim, Harry Galloway no violão e Oscar Logan nos vocais. Todas essas dez gravações têm uma qualidade que as faz parecer suspensas no tempo, e desse modo transmitem perfeitamente a graça lacônica da vida no Sul dos Estados Unidos.

TAYLOR-GRIGGS LOUISIANA MELODY MAKERS

JIMMIE & GEORGE CARTER DA CARTER BROTHERS & SON

Jimmie Carter

Violão

N: *New Harley, nordeste do Mississippi*
M: *Desconhecido*

George Carter

Rabeca, vocais

N: *New Harley, nordeste do Mississippi, 1874*
M: *Desconhecido*

De todas as centenas de grupos country dos primeiros tempos que gravaram nos anos 1920 e 1930, nenhum intrigou mais os entusiastas do gênero do que a Carter Brothers & Son. A banda tinha uma exuberância desenfreada e um jeito frenético e despreocupado que evocavam uma imagem dos primórdios da música americana, na sua forma menos intelectualizada. George (nascido em 1874) e Andrew (nascido em 1878) Carter já eram cinquentões quando as dez músicas do grupo foram gravadas para a Okeh Records e Vocalion em 1928, e o estilo deles de tocar rabeca representava um estilo mais antigo do que o da maioria dos músicos da época. É fascinante pensar que mais de 90% dos músicos que gravaram músicas tradicionais nos anos da década de 1920 estavam na faixa dos vinte anos ou mais jovens. Essa era a música pop daquele tempo e lugar. Completando a banda havia o filho de George, Jimmie, um grande violonista. George tocava os solos na rabeca e Andy o acompanhava, alternando entre uma harmonia de barítono e uma melodia uníssona. A dinâmica explosiva da dupla associada ao frenesi dos vocais de George, frequentemente incoerentes, criavam uma espiral de entusiasmo musical. Numa das suas melhores gravações, "Give the Fiddler a Dram", eles ficaram tão envolvidos com a emoção da música que George e Andy começaram a tocar partes diferentes da melodia, mas ainda assim o resultado foi uma ótima música. Os Carter eram dos arredores de Harley, no nordeste do Mississippi, mas o estilo deles tem pouco a ver com a maioria das músicas daquele estado e soam mais como um dueto de rabecas do vizinho Arkansas. Durante os meses nos quais não estavam trabalhando na plantação de algodão, os Carter eram músicos profissionais que tocavam em barcos pelo rio Mississippi.

JIMMIE & GEORGE CARTER of CARTER BROTHERS & SON

HOYT MING AND HIS PEP STEPPERS

Hoyt Ming	**Roselle Ming**	**Troy Ming**	**A.D. Coggin**
Rabeca, vocais	Violão	Bandolim	Vocais
N: 1902	N: *Desconhecido*	N: *Desconhecido*	N: *Desconhecido*
M: *Desconhecido*	M: *Desconhecido*	M: *Desconhecido*	M: *Desconhecido*

O grupo Hoyt Ming and His Pep Steppers era um dos menos convencionais da época inicial de gravações. O som bem específico deles era produto de um estilo mais suave e delicado de tocar rabeca, típico do Mississippi, levando ao extremo um máximo de suavidade descontraída com a parte do ritmo firmemente "amarrada" e incrementada com sons de batidas dos pés. Ming usava os recursos de *slides* e *slurs* no seu jeito particular de tocar, que por vezes dava a impressão de um som longo de acordeão. A esposa de Hoyt, Roselle, fazia o acompanhamento com som estridente do violão e marcação com batida do pé. O irmão dele tocava bandolim. A.D. Coggin também participou da sessão de gravações para a Victor Records, na qual quatro músicas foram gravadas, acrescentando um charmoso tom dançante aos vocais que combinava perfeitamente com a música. O grupo, da região de Tupelo, no Mississippi, gravou uma só vez, retornando depois disso para a vida do dia a dia e o total anonimato. Mais de 90% dos músicos de áreas rurais da era inicial das gravações seguiam esse padrão de sessões únicas durante as quais eram gravadas de quatro a seis músicas em estúdios de campo improvisados. Não é de se surpreender que essas sessões de gravação produziram a maioria dos clássicos que perduram até hoje, como as músicas do grupo Troy Ming and His Pep Steppers. A marca registrada da banda era "Indian War Whoop", na qual Ming adicionou vocais *whoops* às harmonias fantasmagóricas da melodia da rabeca.

HOYT MING
AND HIS PEP STEPPERS

PAUL MILES AND HIS RED FOX CHASERS

Paul Miles	**A.P. Thompson**	**Bob Cranford**	**Guy Brooks**
Banjo	Violão, vocais	Gaita, vocais	Rabeca

O som do grupo Red Fox Chasers era construído no entorno da harmonia vocal de A.P. Thompson e Bob Cranford, que cantavam juntos desde a infância passada no condado de Surrey, na Carolina do Norte. Na adolescência, Thompson se tornou um talentoso violonista e Cranford um talentoso gaitista. Eles começaram a tocar semiprofissionalmente na cidade onde moravam. O grupo Red Fox Chasers foi criado em 1927, quando o rabequeiro Guy Brooks e o banjoísta Paul Miles se juntaram a Thompson e Cranford. Brooks e Miles faziam também, ocasionalmente, os vocais. A banda gravou 48 canções para a Gennett Records, que foram lançadas através de várias outras gravadoras sob vários pseudônimos, como Virginia Possum Tamers. A interpretação da Red Fox Chasers de muitas das primeiras baladas sentimentais originadas na Tin Pan Alley — como é conhecido um conjunto de editoras musicais de Nova York do final do século XIX e início do XX — demonstra claramente a habilidade desses artistas rurais em transformar tais canções sentimentais e tristes dando a elas um tratamento cheio da atitude tradicional dos Apalaches através da instrumentação e da interpretação vocal.

PAUL MILES and his RED FOX CHASERS

ROANE COUNTY RAMBLERS

Jimmy McCarroll	**Luke Brandon**	**John Kelly**	**Howard Wyatt**
Rabeca	Violão	Bandolim	Banjo

O grupo Roane County Ramblers, do leste do Tennessee, era composto por Jimmy McCarroll na rabeca, John Kelly no bandolim e Howard Wyatt no banjo. Eles lançaram doze músicas pela Columbia Records em 1928-1929, caracterizadas por um modo extremamente coeso de tocar em conjunto, por uma exuberância sem limites e pelo jeito brilhante e ardente de McCarroll tocar sua rabeca. No seu estilo, o som dos Ramblers era bem similar ao dos grupos do norte da Georgia, especialmente ao de Earl Johnson (ver p. 180). McCarroll empregava a mesma técnica de *slides* exagerados de Johnson e uma similar propulsão implacável, mas era tecnicamente bem superior a Johnson. Como os Skillet Lickers, do norte da Georgia, os Roane County Ramblers também estavam tentando ser progressivos, e criar um apelo aos gostos contemporâneos com arranjos sofisticados e técnicas chamativas. Usando esse tipo de estética em algumas das mais antigas músicas do repertório proporcionaram transformações inesperadas como quando a clássica e antiga música para rabeca "Last of the Callahan" se tornou "Callahan Rag".

ROANE COUNTY RAMBLERS

FRANK BLEVINS
& HIS TAR HEEL RATTLERS

Frank Blevins	**Fred Miller**	**Ed Blevins**	**Jack Reedy**
Rabeca, vocais	Banjo, vocais	Violão, vocais	Banjo
N: *Condado de Alleghany, Carolina do Norte*	N: *Desconhecido*	N: *Desconhecido*	N: *Desconhecido*
M: *Desconhecido*	M: *Desconhecido*	M: *Desconhecido*	M: *Desconhecido*

Dentro de um contexto aparentemente simples das melodias tocadas com um mínimo de floreado, músicos do interior como Frank Blevins e a sua banda, Tar Heel Rattlers, fizeram música de rara eloquência. Como tantas outras grandes bandas rurais dos tempos antigos, os Tar Heel Rattlers tinham grande expressividade em suas apresentações e transmitiam muita emoção com suas músicas. Essas qualidades, muito características dessa música tradicional dos velhos tempos, são impressionantes e muito mais difíceis de reproduzir do que qualquer outra magia técnica. Blevins era do condado de Alleghany, na Carolina do Norte, e tinha apenas 15 anos na época das sessões do grupo (oito seleções publicadas pela Columbia Records), que ele organizou sozinho. Tocou rabeca e fez a maioria dos vocais, enquanto Fred Miller tocou banjo, fez dois vocais e o irmão de Blevins, Ed, tocou violão e também fez dois vocais. O jeito de Ed Blevins tocar violão é digno de atenção especial, tanto pelo importante papel que desempenhou dentro da banda, quanto porque era típico do período. Os primeiros violonistas rurais, como Ed Blevins, usavam uma palheta de polegar nas cordas graves para produzir notas acentuadas que complementavam a rabeca em pontos-chave tanto da melodia, quanto do ritmo. A tonalidade plena, rica e sustentada das notas de baixo agia como um efeito de bordão, reforçando o clima dessas antigas apresentações rurais. Em muitas das primeiras gravações clássicas, o violão desempenha um papel tão importante quanto a própria rabeca.

FRANK BLEVINS
AND HIS TAR HEEL RATTLERS

CHARLIE POOLE WITH THE NORTH CAROLINA RAMBLERS

Charlie Poole
Banjo, vocais

N: Spray, Carolina do Norte, 22 de março de 1892
M: 21 de maio de 1931

Roy Harvey
Violão

N: Virginia Ocidental
M: Desconhecido

Posey Rorrer
Rabeca

N: Desconhecido
M: Desconhecido

Charlie Poole With The North Carolina Ramblers, um dos grupos mais populares e prolíficos nos primeiros anos da música country, trabalhou extensivamente com a Columbia Records de 1925 até 1930, e também fez algumas músicas para a Paramount Records. Poole, de Spray, na Carolina do Norte, viajou muito e seus discos foram sucessos de vendas. Muito do sucesso dos Ramblers pode ser atribuído aos ritmos lacônicos e descontraídos da banda e seus arranjos suaves e agradáveis. O maior representante desse estilo era Roy Harvey (nascido na Virginia Ocidental) com sua técnica brilhante e complexa de tocar violão usando três dedos. Nas sessões iniciais de gravação, Posey Rorrer tocou rabeca de forma bem tradicional. Em sessões posteriores, Lonnie Austin e Odell Smith acrescentaram rabecas com uma abordagem mais sofisticada. Poole cantou e tocou banjo utilizando seu estilo de tocar com três dedos, complementando bem o som da banda. Em meados da década de 1920, os estilos de banjo tocado usando três dedos se popularizaram à medida que as técnicas de staccato mais antigas iam perdendo espaço já que eram conflitantes com a evolução de arranjos mais suaves das bandas rurais de cordas. As raízes desse movimento vinham do leste do Tennessee, onde havia um grande número de excelentes músicos utilizando a técnica de três dedos. Poole morreu em 1931 com apenas 39 anos.

CHARLIE POOLE with the **NORTH CAROLINA RAMBLERS**

AL HOPKINS AND HIS BUCKLE BUSTERS

Al Hopkins
Piano, vocais

N: Desconhecido
M: Desconhecido

Charlie Bowman
Rabeca

N: Condado de Washington, Tennessee, 1889
M: Desconhecido

Elvis "Tony" Alderman
Rabeca

N: Desconhecido
M: Desconhecido

Walter Bowman
Banjo

N: Desconhecido
M: Desconhecido

Os Buckle Busters, mais conhecidos como Hillbillies, eram diferentes por serem uma banda profissional que fazia turnê e que por um breve período de tempo se apresentou num circuito de vaudeville e fez um filme de curta-metragem que foi distribuído nacionalmente. A composição dos membros do grupo variava amplamente, sobretudo durante as gravações, nas quais os artistas ficavam limitados a tocar somente os instrumentos de sua especialidade. O núcleo fixo do grupo, para a maioria de suas gravações, era formado por Charlie Bowman e Elvis "Tony" Alderman nas rabecas, Jack Reedy e Walter Bowman nos banjos, Elbert Bowman e Joe Hopkins nos violões, John Hopkins no ukulele e o líder do grupo, Al Hopkins (o segundo a partir da direita, mostrado na ilustração, tocando violão), no piano e voz. O principal elemento das performances animadas e de ritmo acelerado da banda era devido ao jeito vivaz e articulado com que Charlie Bowman tocava sua rabeca e também do toque do banjo com três dedos de modo magnífico, altamente sofisticado e melódico. Estilisticamente, o som da banda era um amálgama do estilo do Tennessee dos irmãos Bowman e do estilo de Galax, Virginia, de Alderman e da família Hopkins. O grupo foi prolífico nas suas gravações para a Brunswick/Vocalion. A primeira sessão acústica do grupo foi feita para a Okeh Records e contou com a participação do excelente tocador de banjo *clawhammer*, John Rector, do condado de Grayson, Virginia. Melodias simples de rabeca dos velhos tempos, principalmente em *lá* e *ré* "dançantes", compunham a maior parte do repertório da banda e eram sempre tocadas com grande entusiasmo e vigor.

AL HOPKINS and his BUCKLE BUSTERS

FIDDLIN' BOB LARKIN AND HIS MUSIC MAKERS

Fiddlin' Bob Larkin

Rabeca

N: Nova York, Nova York, 1867
M: Condado de Prairie, Arkansas

Forrest Larkin	**Alice Larkin**	**William Holden**
Piano	Violão	Violão
N: Desconhecido	*N: Desconhecido*	*N: Desconhecido*
M: Desconhecido	*M: Desconhecido*	*M: Desconhecido*

Quase todos os músicos tradicionais rurais que fizeram as primeiras gravações nasceram e foram criados no Sul dos Estados Unidos. Fiddlin' Bob Larkin é uma clara exceção desse fato, já que ele não só era do Norte, mas do coração da cidade de Nova York. É difícil imaginar um rabequeiro tradicional com um estilo tão puro e típico do interior que tenha vindo de Nova York. A razão disso é que ele nasceu em 1867, quando a maior parte de Nova York ainda era predominantemente de terras agrícolas e, apesar de ele ter aprendido a tocar rabeca nessa cidade, seu estilo muito provavelmente foi influenciado e modelado a partir do de músicos de Centralia, no Missouri, para onde se mudou quando ainda era jovem. Após se casar, Larkin mudou-se para o condado de Prairie, no Arkansas, onde viveu pelo resto da vida. Ele era um rabequeiro cheio de entusiasmo cujo jeito de tocar era caracterizado por uma dinâmica impetuosa e desinibida; tinha um tom cheio e rico e um característico e incomum "gorjeio" no toque da sua corda de *mi*. O entusiasmo de Larkin era complementado perfeitamente pela banda formada principalmente por membros da sua família. Seu filho Forrest tocava piano e a filha Alice, violão. William Holden também tocava violão. O grupo fez na região catorze gravações para a Okeh Records e a Vocalion em 1928. Bob Larkin era também um campeão como atirador e frequentemente se diz que ele criou a sua família, de catorze filhos, com uma espingarda e uma rabeca. A família tocou extensivamente na rádio no Kansas, no Texas e em Iowa principalmente para o magnata de patentes médicas, dr. Brinkley.

FIDDLIN' BOB LARKIN AND HIS MUSIC MAKERS

EAST TEXAS SERENADERS

Dan "D.H." Williams
Rabeca

N: Lindale, Texas, 1900
M: Desconhecido

Cloet Hamman
Violão

N: Desconhecido
M: Desconhecido

Henry Bogan
Violoncelo

N: Desconhecido
M: Desconhecido

John Munnerlyn
Banjo tenor

N: Desconhecido
M: Desconhecido

A East Texas Serenaders foi uma das primeiras bandas de cordas a fazer gravações. O repertório deles consistia principalmente de rags (um estilo musical precursor do jazz) e valsas com algumas músicas de ritmo mais acelerado chamadas de *stomps*. Os instrumentos usados eram rabeca, violão, banjo tenor e violoncelo de três cordas. A sessão de ritmo da banda era fantástica, como no caso de todas as grandes bandas. O violão e o banjo garantiam o impulso que conduzia a música e o excepcional violoncelo, tocado com arco, pontuava o ritmo com um som de uma jug típico de uma jug band (bandas que, além dos instrumentos convencionais, utilizavam instrumentos caseiros como garrafas, colheres, vasos e ossos). "D.H." Williams era um mestre da rabeca. Seu estilo suave de *glissando* era típico do Sul, mas ele também tinha um jeito vivaz e articulado de tocar que produzia a dinâmica animada da banda. Williams tinha um toque doce de blues na rabeca e o seu tom rico e melodioso era parcialmente resultado de um vibrato, técnica incomum para um rabequeiro rural. Williams era de Lindale, no Texas, onde nasceu em 1900. Os demais membros do grupo eram Cloet Hamman, Henry Bogan, John Munnerlyn e, mais tarde, Henry e Shorty Lester (não se sabe quem é o violonista mais à esquerda, na ilustração). Eles fizeram 24 gravações para a Brunswick, a Columbia e a Decca Records de 1927 a 1936.

EAST TEXAS SERENADERS

"DOCK" BOGGS

Banjo, vocais

N: *West Norton, Virginia, 7 de fevereiro 1898*
M: *7 de fevereiro de 1971*

"Dock" Boggs foi um dos melhores e mais especiais artistas oriundos da região musicalmente fértil do oeste da Virginia/leste do Kentucky, onde a mineração de carvão era a principal atividade econômica. Boggs, que nasceu em West Norton, Virginia, em 1898, foi também mineiro durante a maior parte da vida. O seu estilo de tocar banjo estava enraizado nos antigos dedilhados que eram predominantes por todo o Kentucky, e a sua música tinha muita semelhança com o jeito enxuto mas eloquente do grande B.F. Shelton, que era de Corbin, no Kentucky. A técnica de Boggs era muito particular, ele usava um padrão de dedilhado excêntrico com o polegar e os dois primeiros dedos de várias maneiras. Na maioria das vezes ele tocava os solos, criando a linha melódica com o indicador e o dedo do meio nas duas primeiras cordas, mas em algumas músicas fazia o solo com o seu polegar na terceira e quarta cordas. Essa última técnica produziu as suas melhores performances. A constante variação de afinações abertas também era essencial para Boggs. Como no caso dos músicos tradicionais dos primeiros tempos, ele tendia quase sempre a afinar seu instrumento antes de cada música. Quando mais tarde os músicos tradicionais adotaram a afinação padrão e cordas sofisticadas, os acompanhamentos não eram mais tão especiais como os originais que soavam quase como uma segunda voz que complementava os vocais. O canto de Boggs era típico do Kentucky, com seu tom agudo e carregado de lamento que incorporava nuances de blues com origens comuns e sobrepostas vindas tanto dos brancos quanto dos negros. A maior parte do repertório de Boggs era de caráter modal, pendendo bastante para o tom menor. Ele fez sete gravações para a Brunswick em 1927, e outras quatro mais, em 1929 para a pouco conhecida gravadora Lonesome Ace-Without a Yodel.

"DOCK" BOGGS

FIDDLIN' POWERS & FAMILY

Cowan Powers
Rabeca

N: Condado de Russell, Virginia
M: Desconhecido

Charlie Powers
Banjo, vocais

N: Condado de Russell, Virginia
M: Desconhecido

Ada Powers
Ukulele

N: Condado de Russell, Virginia
M: Desconhecido

Opha Lou Powers
Bandolim

N: Condado de Russell, Virginia
M: Desconhecido

Carrie Belle Powers
Violão

N: Condado de Russell, Virginia
M: Desconhecido

Pode-se dizer que não houve uma banda antiga e tradicional a ser gravada que fosse melhor do que a Fiddlin' Powers & Family. O grupo era liderado por Cowan Powers, um músico tradicional de grande talento cujo método de tocar rabeca produzia um tom grave e rico, com uma dinâmica extremamente empolgante. Suas três filhas e o filho eram os outros membros da banda. Charlie tocava banjo e cantava, Ada tocava ukulele, Opha Lou tocava bandolim e Carrie Belle tocava violão. As primeiras gravações acústicas do grupo para a Victor e para a Edison Records, antes do advento dos microfones elétricos em 1926, não conseguiram captar o verdadeiro brilho de suas performances tanto quanto o das suas quatro excelentes gravações elétricas feitas para a Okeh Records em 1927, nas quais o tom maravilhoso da rabeca de Cowan ficou especialmente evidente. Muitos antigos rabequeiros eram capazes de produzir tons encorpados, ricos e líquidos, soando quase como se suas rabecas estivessem cheias de água. Hoje ninguém é capaz de reproduzir estes tons incríveis de rabequeiros como Powers, nem explicar como esses veteranos conseguiam extrair esses sons de seus instrumentos. O excelente toque de violão de Carrie Belle também contribui muito para a força da banda Powers. Byrd Moore foi um de seus primeiros professores e ela também chegou a trocar ideias com a lendária Maybelle Carter, que morava perto da casa dos Powers, no condado de Russell, Virginia. Estranhamente, durante suas primeiras décadas na cena musical, o violão era um instrumento menosprezado pela maioria dos intérpretes rurais, o que surpreende quando se trata de um instrumento que hoje em dia é visto como um componente central da maioria da música tradicional americana. O violão era estigmatizado como um instrumento de salão, mais apropriado para ser tocado por meninas. Só depois da virada do século é que o violão começou a se tornar um instrumento importante, tanto na música dos brancos quanto na dos negros.

FIDDLIN' POWERS & FAMILY

RED PATTERSON'S PIEDMONT LOG ROLLERS

John Fletcher "Red" Patterson

Banjo, Vocais

N: Perto de Leakesville, Carolina do Norte, c. 1900
M: Desconhecido

Percy Setliff	**Dick Nolen**	**Lee Nolen**
Rabeca	Banjo	Violão
N: Desconhecido	*N: Desconhecido*	*N: Desconhecido*
M: Desconhecido	*M: Desconhecido*	*M: Desconhecido.*

John Fletcher "Red" Patterson nasceu por volta de 1900, perto de Leakesville, na Carolina do Norte, e era um amigo próximo e parceiro musical de Charlie Poole e Kelly Harrell. Sua banda, Piedmont Log Rollers, tinha um som muito similar às bandas de Poole e de Harrell. Os Log Rollers tinham um estilo delicado e seus arranjos combinavam perfeitamente com o clima melancólico da maior parte do repertório. O som suave da rabeca de Percy Setliff desempenhava o papel mais importante nesses arranjos. Porém, os banjos de Patterson e Dick Nolen e o violão de Lee Nolen trabalhavam harmoniosamente para produzir o som coeso do conjunto. Os vocais de Patterson eram excelentes e um importante fator para as excepcionais apresentações do grupo. Eles fizeram oito gravações para a Victor Records em 1927. The Log Rollers era um grupo relativamente informal que tocava principalmente em bailes e outros eventos sociais patrocinados pelas fábricas de roupas da região.

RED PATTERSON'S PIEDMONT LOG ROLLERS

WEEMS STRING BAND

Dick Weems	**Frank Weems**	**Jesse Weems**	**Alvin Conder**
Rabeca	Rabeca	Violoncelo	Banjo, vocais
N: Condado de Perry, Tennessee	*N: Condado de Perry, Tennessee*	*N: Condado de Perry, Tennessee*	*N: Condado de Perry, Tennessee*
M: Desconhecido	*M: Desconhecido*	*M: Desconhecido*	*M: Desconhecido*

A Weems String Band fez somente uma gravação para a Columbia Records em 1928, mas ela é considerada por muitos como a melhor gravação tradicional feita por músicos brancos daquele período. O estilo original da banda se caracterizava por fraseados ultra-staccatos e variações melódicas altamente criativas, geralmente lideradas pelas duas rabecas tocando na segunda e na terceira posições. Não era comum que rabequeiros rurais tocassem acima da primeira posição. As posições segunda e a terceira eram quase sempre domínio de violinistas com formação clássica. A Weems String Band, vinda do interior do condado de Perry, no Tennessee, seria a banda mais improvável a adotar tais técnicas tão sofisticadas. Um aspecto mais irônico ainda foi que a banda produziu, dentro do contexto desta abordagem sofisticada, os sons mais primitivos e arcaicos. Esse contraste paradoxal está no cerne do sucesso dos Weems. Os irmãos Dick e Frank eram os rabequeiros, e um terceiro irmão, Jesse, tocava violoncelo com arco. O cunhado Alvin Conder tocava banjo e cantava. Dois membros mais jovens da família que não estavam presentes na gravação são mostrados na extrema esquerda e na extrema direita da ilustração (seus nomes, infelizmente, são desconhecidos). A técnica da banda de utilizar variações nas melodias básicas a coloca numa posição ocupada apenas por ela. Poucos grupos tradicionais tinham a mesma inclinação ou imaginação para usar variações, e nenhum grupo se igualava à brilhante criatividade da Weems String Band.

WEEMS STRING BAND

LEAKE COUNTY REVELERS

Will (William Bryant) Gilmer
Rabeca

N: Condado de Leake, Mississippi, 27 de fevereiro de 1897
M: 28 de dezembro de 1960

R. Oscar (R.O.) Moseley
Banjo-bandolim

N: Sebastopol, Mississippi, 1885
M: c. década de 1930

Jim Wolverton
Banjo

N: Condado de Leake, Mississippi, abril de 1895
M: dezembro de 1969

Dallas Jones
Violão, vocais

N: Sebastopol, Mississippi, 17 de dezembro de 1889
M: janeiro de 1985

O estilo dos Leake County Revelers era perfeitamente representativo do som suave do Mississippi, principalmente devido à rabeca brilhante e deslizante de Will (William Bryant) Gilmer, cuja técnica era tão fluida que soava como se as cordas estivessem completamente lubrificadas. Modulações constantes entre tons facilitavam o timbre requintado de Gilmer, assim como a prática comum no Mississippi de afinar os instrumentos em alguns semitons abaixo do padrão. A essência desse estilo estava na técnica de tocar o arco lenta e precisamente, produzindo notas suaves em vez de focar num andamento acelerado. Os rabequeiros do Mississippi geralmente simplificavam a melodia de músicas de dança acelerada, eliminando muitas das características de notas rápidas e sincopadas, típicas das outras versões do Sul, nas quais o ritmo era pulsante e repetitivo. Eles tendiam a tocar essas melodias consideravelmente mais devagar do que seus "irmãos" das montanhas do Sul. Os demais membros da banda Revelers eram R. Oscar (R.O.) Moseley no banjo-bandolim, Jim Wolverton no banjo e Dallas Jones no violão e na maioria dos vocais principais. A banda fez 44 gravações para a Columbia Records, entre 1927 e 1930, e foi um dos grupos mais vendidos do período. A maioria do repertório dos Revelers consistia em melodias lentas com um andamento leve e descontraído.

LEAKE COUNTY REVELERS

WILMER WATTS
OF WILMER WATTS AND
THE LONELY EAGLES

Rabeca

N: *Perto de Belmont, Carolina do Norte, 1897*
M: *1943*

A música de Wilmer Watts tem interesse particular por estar muito distante, em termos geográficos, da principal corrente de música tradicional branca do Sul dos Estados Unidos. Quase todos os intérpretes tradicionais brancos documentados nas primeiras gravações vinham do oeste, da parte leste das Montanhas Apalaches, onde ocorria a maior parte das manifestações musicais. A música branca do Sul é principalmente de origem celta e se espalhou pelos Apalaches através dos colonos de origem irlandesa e escocesa, que posteriormente migraram predominantemente para o oeste. Poucas gravações foram feitas documentando a música da planície da Costa Leste do sul, onde a população puramente inglesa permaneceu dominante e tocava muito pouca música instrumental. Watts era dos arredores de Belmont na Carolina do Norte, uma região de planície localizada a apenas sessenta quilômetros do Oceano Atlântico, uma área de onde não havia relato de manifestações musicais. Watts & Wilson foi o primeiro de dois grupos criados por Watts a gravar. A banda se apresentou, nas suas seis gravações para a Paramount Records em 1927, com um violão de aço totalmente original e um banjo, que juntos criaram um som que funcionou tão bem que é surpreendente que nada parecido tivesse sido ouvido em qualquer outra gravação. O segundo grupo de Watts, Lonely Eagles, gravou catorze músicas para a Paramount em 1929. Essas apresentações incluíam um banjo e um violão tocados de uma forma mais convencional, especialmente o banjo, que optou por acordes de acompanhamento mais contemporâneos, com pouco do estilo da linha melódica usada na primeira sessão. Os vocais eram excelentes e apresentavam fraseados perfeitos, em ambas sessões. Watts trabalhou durante a maior parte de sua vida em fábricas têxteis. Ele nasceu em 1897 e morreu em 1943. Suas gravações originais estão entre os mais valorizados itens de colecionadores, não apenas por sua raridade, mas também por sua marca musical distinta e seu repertório fora de série.

WILMER WATTS
of WILMER WATTS and
THE LONELY EAGLES

SOUTH GEORGIA HIGHBALLERS

Melgie Ward	**Vander Everidge**	**Albert Everidge**
Rabeca	Violão	Serrote musical
N: Nos arredores de Macon, Georgia	*N: Nos arredores de Macon, Georgia*	*N: Nos arredores de Macon, Georgia*
M: Desconhecido	*M: Desconhecido*	*M: Desconhecido*

A banda The South Georgia Highballers era provavelmente dos arredores de Macon. Eles fizeram quatro gravações para a Okeh Records em 1927, com Melgie Ward na rabeca, Vander Everidge no violão e Albert Everidge no serrote musical, literalmente um serrote tocado com arco. As duas faixas-título, nas quais são ouvidos solos de violão, são muito boas. Mesmo não estando entre as melhores bandas, The South Highballers tinha um estilo bem característico. O aspecto mais fascinante da música tradicional americana está na enorme variedade de estilos que os músicos rurais puderam criar. Mesmo dentro do contexto das fortes características regionais, as performances individuais deram forma à música desses artistas do interior com propostas impressionantemente únicas. O considerável isolamento das áreas rurais do interior americano dos velhos tempos foi um fator importante na criação desse rico panorama de estilos.

Após ouvir outros artistas, a maioria dos músicos desse ambiente rural isolado se via forçada a recriar as músicas por conta própria, com base somente na memória do que tinham ouvido. É exatamente essa transferência para o ambiente rural que propicia a evolução de novos estilos musicais. Como evidência desse fato podemos comparar os seis ou sete diferentes estilos de tocar rabeca trazidos do norte da Irlanda e da Escócia para os Estados Unidos com as centenas de estilos americanos que evoluíram a partir deles, no curso de três ou quatro gerações. A alta taxa de mudança de estilo ocorrida nos Estados Unidos foi em parte decorrente do fato de que lá havia uma tendência dos músicos a serem autodidatas em contraste com o sistema mais estruturado de estudo europeu, em que os ensinamentos vinham de músicos talentosos e mais velhos.

SOUTH GEORGIA HIGHBALLERS

HAPPY HAYSEEDS

Ivan Laam	**Fred Laam**	**Simmons**
Rabeca	Banjo tenor	Violão
N: *John Day, Oregon, c. 1900*	N: *John Day, Oregon, c. 1900*	N: *Desconhecido*
M: *Desconhecido*	M: *Desconhecido*	M: *Desconhecido*

The Happy Hayseeds foi uma das bandas mais fascinantes de seu tempo. Embora o uso de instrumentos como rabeca, banjo tenor e violão fosse uma combinação comum na época, o estilo deles era dramaticamente diferente de qualquer outra banda de corda rural. Algumas das diferenças da Hayseeds, quando comparada a outras bandas, podem ser atribuídas às particulares raízes geográficas e étnicas deles. Ivan Laam, rabequeiro, e seu irmão Fred, banjoísta, nasceram em John Day, no Oregon por volta de 1900, enquanto quase todos os outros músicos que fizeram gravações com suas bandas de corda eram do Sul ou do Sudeste dos Estados Unidos. A maioria dos músicos brancos de bandas rurais tinha como ancestrais os primeiros colonos americanos, enquanto os irmãos Laam eram da primeira geração americana. O pai Abe Laam (ele também rabequeiro) migrou da Alemanha para o Tennessee, mudando-se depois para o Oregon. A família Laam vivia no Oregon num ambiente musical totalmente diferente do que foi documentado na maioria das gravações rurais dos anos 1920. Eles representam um atalho da música americana que passou quase totalmente sem registro documentado: um conjunto de estilos country como *quadrilles, quicksteps* e outras relíquias das danças populares dos velhos tempos. Judge Sturdy's Orchestra e Blind Uncle Gaspard também gravaram outros encantadores exemplos desse raro gênero musical. O uso extensivo de vibrato e frequente de *slur* (notas tocadas sem separação) na segunda posição distinguiam o excelente modo de tocar de Ivan. E o estilo de Fred no banjo era tecnicamente brilhante e absolutamente charmoso devido aos seus floreados caprichados. Ele tocava muitos e variados contrapontos à rabeca e diversas vezes fazia o solo para muitas passagens. O notável violão era tocado por Bill Simmons e fornecia o tempo marcante e uma base rica e profunda para a música. A família Laam mudou-se para a Califórnia nos anos 1920 e foi lá que a Hayseeds fez quatro gravações para a Victor Records.

HAPPY HAYSEEDS

CROCKETT KENTUCKY MOUNTAINEERS

John Harvey "Dad" Crockett
Rabeca, banjo

N: *Condado de Wayne, Virginia Ocidental*
M: *Desconhecido*

George Crockett
Rabeca

N: *Condado de Bath, Kentucky*
M: *Desconhecido*

Johnny Crockett
Banjo, violão, vocais

N: *Condado de Bath, Kentucky*
M: *Desconhecido*

Alan Crockett
Rabeca, ossos

N: *Condado de Bath, Kentucky*
M: *Desconhecido*

Clarence Crockett
Violão

N: *Condado de Bath, Kentucky*
M: *Desconhecido*

Albert Crockett
Violão tenor

N: *Condado de Bath, Kentucky*
M: *Desconhecido*

A Crockett Kentucky Mountaineers era uma excelente banda country de cordas liderada por John Harvey "Dad" Crockett, que tocava rabeca e ocasionalmente banjo. Crockett nasceu no condado de Wayne, na Virginia Ocidental, e se mudou para o condado de Bath, no Kentucky, ainda jovem. A banda era formada por John e seus filhos: George na rabeca, Johnny no banjo, no violão e nos vocais, Alan na rabeca e nos "ossos" (pedaços de ossos de animais e posteriormente de madeira para fazer a percussão), Clarence no violão e Albert no violão tenor (um violão de quatro cordas e um pouco menor que o violão tradicional). Como acontece com todas as ótimas bandas familiares, os Crockett tocavam com extrema coesão. Eles tinham um andamento cativante e um jeito sincopado de tocar bem agradável. Quando as gravações do grupo foram feitas, no final dos anos de 1920, eles já estavam morando na Califórnia, onde tinham recentemente escolhido viver. As primeiras gravações foram feitas para a Brunswick, em Los Angeles, e depois para a Crown Records, em Nova York. Algumas masters das gravações para a Crown foram também lançadas pela Paramount Records. A gravação da música "Little Rabbit/Rabbit Where Is Your Mammy", que fizeram para a Crown, é uma das melhores performances de uma banda rural de cordas.

CROCKETT KENTUCKY MOUNTAINEERS

AGRADECIMENTOS

Agradecimentos especiais às seguintes pessoas por seus esforços para tornar este livro possível: Robert Crumb (se não fosse por ele...); Stephen Calt, David Jasen e Richard Nevins (pelo texto incisivo e informativo); Denis Kitchen e Judy Hansen (direitos, amizade e a ideia inicial para este livro); Charles Kochman e Eric Himmel (editorial na Abrams); Miko McGinty e Rita Jules (pelo design inspirado e respeitoso); Terry Zwigoff (introdução e percepções acertadas); John Lind (por encontrar arquivos desaparecidos e material suplementar); e, mais uma vez, a Richard Nevins, da Yazoo Records/Shanachie Entertainment (pela música, transparências e orientação).

♫

R. CRUMB é o cartunista líder do movimento *"underground comix"* americano. Mais conhecido por sua narrativa peculiar e por sua temática ousada e intransigente, ele foi o criador de personagens como Devil Girl e Mr. Natural, da publicação *Zap Comics,* da imagem icônica da camiseta "Keep on Truckin'", da arte da capa do álbum *Cheap Thrills,* do Big Brother & the Holding Co. (com Janis Joplin) e Fritz the Cat, astro do polêmico desenho animado pornográfico do animador Ralph Bakshi. *Crumb* (1994), o documentário premiado de Terry Zwigoff, deu ao cartunista tamanha notoriedade como uma relutante figura mainstream da cultura pop que ele se tornou um expatriado. Hoje ele mora na França.

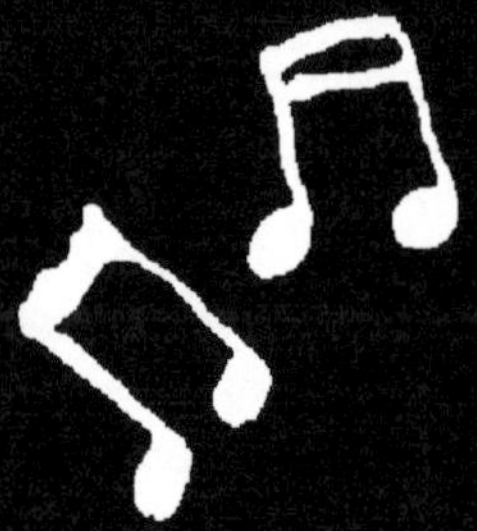

STEPHEN CALT nasceu em 1946 e foi um dos mais importantes pesquisadores norte-americanos do blues. Como escritor, é autor das biografias de Skip James, *I'd Rather Be the Devil: Skip James and the Blues* (1994), e de Charley Patton, *King of the Delta Blues: The Life and Music of Charlie Patton* (1988). Além disso, também foi autor de diversos artigos sobre o blues no período pré-guerra e do livro *Barrelhouse Words: A Blues Dialect Dictionary* (2009). Calt faleceu em 2010, em Nova York.

DAVID JASEN nasceu em 1937 e foi editor, escritor, compositor e produtor. Foi um nome importante principalmente para o ragtime, com seus livros sobre o gênero e sua pesquisa. Por sua participação no renascimento e revitalização da música ragtime, Jasen recebeu uma das maiores honras da Universidade de Long Island, o Trustees Award for Scholarly Achievement. Entre seus livros estão *Spreadin' Rhythm Around: Black Popular Songwriters, 1880-1930*, coescrito com Gene Jones; *Rags and Ragtime: A Musical History*, coescrito com Trebor Jay Tichenor; e *Tin Pan Alley: An Encyclopedia of the Golden Age of American Song*.

RICHARD NEVINS é historiador da história da música. Trabalhou na compilação de grandes artistas country para o projeto que realizou com Robert Crumb, *Pioneers of Great Country Music*, incorporado neste livro que está em suas mãos.

DARKSIDEBOOKS.COM